親子留学のすすめ

子供と一緒に飛び発とう！

添田衣織

みらいPUBLISHING

はじめに

２０１１年、息子が10歳の時にアメリカはシアトルからスタートした親子留学は、今年で10年目に入りました。

私は現在、ドイツはベルリンにて、子供教育シンフォニーを主宰しています。子供教育シンフォニーでは、本場の海外情報をライブで本音発信しながら、教育相談をしています。親子留学を考えている方だけでなく、日本で海外のような価値観を取り入れながら子供を教育したいという方のためにご相談を承っています。

留学や移住に大切なのは、入念な事前準備と心構えです。現地に根を張り、子供がしっかりと学べるように生活の基盤を確立することです。心にゆとりをもてる日々の暮らしを確立することができれば、子供の学びの環境をつくり、親である自分自身も人生を満喫することができるようになります。

そうはいっても、新たな環境でのスタートには不安がつきものです。子供教育シンフォニーでは、私自身が実際に苦労した部分や日本人には分かりにくい、誤解されやすい部分についてフォーカスしてサポートさせていただいています。

子供と海外で生活をすることを書いたものといえば、子供がバイリンガルになることのすすめ、海外の生活の礼賛、などが多いですが、本書で私はそれを飛び超えて、もっと本質的なことにも焦点を当てたいと思いました。

海外だからといって、楽しいことばかりではありません。しかし、大変なことを乗り越えて、自分なりに進んでいくのは、その方の想い、考え方次第なのです。

私はこの10年間の経験から、日本の現在の状況を打破するためのアイデア、生きづらさを解決するための考え方や価値観の変え方、自由を目指すことなどが、日本で生活している方にも役立つのではないかと考え、筆を執りました。この10年間のサバイバルの実体験とともに、私が今まで親子留学を海外で継続してきた中で得たモノの考え方、価値観の変換の仕方を少しでも役立てていただければ幸いです。

思いついたら、すぐに動き出す……これが人生を痛快にして、躍動感を持って進んでいく秘訣であると思っています。チャイコフスキーの『大序曲　1812年』が鳴り響いています！　さあ、出発です！

心をこめて　添田衣織

目次

序章〈プレリュード〉母も子も息苦しい日本の教育環境　13

第1楽章〈アンダンテ〉我が家の状況

我が家がどのようしてここまできたのか　22

①　2000年から2011年まで　22
②　2011年5月と、6月から8月まで　25
③　2011年9月終わりから12月まで　28
④　2012年1月から3月まで　30
⑤　2012年4月から2014年12月まで　32
⑥　2015年1月1日より　35

⑦　２０２０年　37
欧州の生活と生活費　ベルリンにて　39
ベルリンの日常　39
ベルリンの生活費　40
ドイツでは物欲がなくなる理由、居心地がよい理由とは？　41
親子で海外へとつきぬけよう　45

第2楽章〈アレグロ〉10歳からの計画　高校まで待てない

10歳で、お母さんは子供と海外に飛び出そう！　48
3歳からの綿密な計画が必要　49
10歳まで日本語、10歳から英語　53
14歳になったら、ドイツの学校でドイツ語をマスター　55

ドイツの大学入学のためには、アビトゥアを合格すること 57
子供の得意を大事にすることは、語学以上に大切 58
10代前半がキーポイント！　抜群に伸びるこの時期を大切に！ 59
ドイツでは年齢は関係ない。30歳で大学に入学する学生も多い 60
10歳代の脳の黄金期を見逃さないで！ 61

第3楽章 〈アニマート〉子育て、子供の教育こそが親の崇高な仕事

全身全霊で子供を育てること 64
親自身がネガティブの連鎖を断ち切りましょう 66
子供の視野、価値観を広くさせる、柔軟にさせる 69
子供を固定観念、窮屈さから脱出させてあげたい！ 72
できない！　ということは何もない！　を伝えること 74

国や枠を超えて世界のどんな場所でも自信を持ち、
図太く進んでいくことを伝えたい 77
自由に柔軟に、楽しみながらどこでも生きていくことを伝える 79

第4楽章〈ペサンテ〉シンプルな生活とお金について考える

お金で悩んでいない人はラッキーである 84
人生の3大出費は、住宅費、教育費、医療費である 85
我が家は家についてどのように考えてきたのか? 87
ミニマムライフ、シンプルライフで出費をおさえる 91
ドイツの我が家のシンプルライフスタイル 93
海外生活を目指す方にオススメ、我が家のスーツケース大活用術 96
All You Need is Less! 98

第5楽章〈パストーソ〉海外生活の光と陰

海外生活のよいところ、異邦人感覚で自由な感覚がもてる　102
海外生活の悪いところ、孤独感、アウェイ感を感じてしまうこと　104
海外生活の苦悩の原点、ビザや滞在の問題　107
海外生活はキラキラ……ではないかもしれない！　109
海外生活はサバイバルである！　111
語学習得が難しい、子供が海外の学校についていけない！　112
海外生活の光と陰を飛び超えて……　114

第6楽章〈カンタービレ〉女性の生き方　子育てと仕事

女性は女性らしくしなければいけないのか？　女性らしいとは？　118

女性の結婚と妊活とは？ 122
出産は何があるかわからない 126
静かで充実した子育てのすすめ 127
子育ての大変さとは？ 129
子育てと女性の仕事について 130
女性の長生きと直感と 133
女性に結婚は必要？ 子供は必要？ 仕事は必要？ 136

第7楽章〈コモド〉家族のあり方

家族関係はとても大事であると同時に、とても厄介なもの 140
夫との関係、結婚当時からの夫への教育も大切 144
実家との関係 147

親孝行って何だろう？　149
義理の両親との関係　152
物理的に遠い家族関係をどうすればよいのか？　156
家族の調和のために何が必要なのか？　159

第8楽章〈グランディオーソ〉痛快に自由に生きる　価値観を変える

混んだバスには乗らない、みんなと違う考え方をする　164
安定を求めない。レールから外れることは意味がある！　165
人生はチャレンジである、サバイバルであることを楽しむ　167
自由に生きることは、エゴイズムではない　169
枠をつくらない　自分を限定しない　170
誰かに従うことはしない　自分の本心のままに生きる　171

不安や心配を乗り越えて、どんな世界でも突き抜けていく 172
失敗も今後の成功のための大切な経験 174
苦境や逆境は楽観的になることで好転できる 175
もっと謙虚に、すべてはよいタイミングで与えられる 177
海外で痛快に自由に生きる 178
21世紀型の新しい家族のモデルとは？ 180

最終楽章〈グランドフィナーレ〉

おわりに 183

序章

母も子も息苦しい日本の教育環境

プレリュード 前奏曲

prelude

子供を海外で教育させてみるチャレンジ……サバイバルといってもよいのかもしれません。我が家はそれを実行しました。そしてその結果、とても素晴らしい世界が待っていました。

まずは、私のこれまでの考え方とその経緯、海外留学を決意するまでのいきさつについて、簡単にご紹介します。

海外の子供たちと、日本の子供たちの一番の違いは、目の輝きだということをよく聞きます。海外とは、必ずしも豊かな国とは限りません。経済的に恵まれない国でも、子供たちの目は輝いています。なぜなのでしょうか？　日本は、経済的な豊かさを追求してきましたし、目的は達成したのかもしれません。しかし、その過程の中で、何かとても大切なことを忘れ去ってきたのかもしれません。

日本は生きづらい国になっています。人々は目先の利益に追われ、目先の利益を追うことで満足し、すべてを「世間」に合わせるように迫られます。本来、もっとも大事なことである、生きる喜びをないがしろにしているのではないでしょうか？　人々は孤独です。孤独の中でもがいています。そして自分を見失い、他人への想像力をなくしています。

私も日本で子育てをはじめました。日本の生きづらさは、その過程で実感しました。まずは結婚して、妊娠するまでが大変でした。2年経って子供ができないと、おかしい?? といわれました。35歳までに出産しないと、高齢出産というレッテルを貼られるのです。私はちょうど36歳での出産でしたが、30歳から35歳までとても焦っていた記憶があります。もちろん妊活の産婦人科の門もたたきました。本来、子供の誕生は、それ自体で純粋に祝福されるものではないでしょうか。

そして、子供を出産すれば、これでゆったりと子育てができるかと思いきや、これまた大変なのです。いつ言葉を話すようになるのか……、いつ首がすわるのか……、いつハイハイができるようになるのか……、いつ立つことができるようになるのか……、いつ断乳ができるのか、いつ予防注射をするのか……、いつオムツがはずれるのか……、幼稚園に入園するまでも同じ年代の子供さんと比べながら進んでいくのがあたりまえになっています。

公園で遊んでいると、ある子供さんが滑り台ができる、ぶらんこができる、しかしうちの子はまだ、できない……と悩んでいるお母さんも多いのです。ほかの子供さんが、2語、3語と話すのに、うちの子はまだ、おしゃべりがそんなにできないと悩むお母さんも多いのです。何もかもが周りの状況を伺わなくてはいけない、と強迫的に迫られます。

保育園、幼稚園に入園するとまた大変です。次の小学校選びをどうするのか？　習い事は何をしたらいいのか？　小学校のお受験はどうするのか？　スイミング、体操教室、英語教室、サッカー教室、公文、そろばん、ピアノ、バイオリン、バレエ、ダンス、サッカー、将棋、野球、算数数理教室、レゴ教室、理科実験教室……たくさんの習い事を子供にさせたいと奔走しています。スイミングなども、ほかの子供さんの進み具合が早いととても気になってしまいます。ウチの子はセンスがないのだろうか？　と、心配になるものなのです。

子供の才能を開花させたいと思って、愛情たっぷりな行動をしていても、それが、自然と我が子をほかの子供のものさしで測るようになってしまいます。ただ、子供を愛情こめて抱っこをしてあげればいいだけなのに、お母さん自身が目標を勝手に立てて、ほかの子供さんと競争をしてしまうのです。まるで、自分の満足感を満たすために、自分が満足できなかったことを子供のことで埋めてもらうような感じで、子供の教育に熱を入れてしまうものなのです。

首都圏の地下鉄だったでしょうか……小学生が夜の21時過ぎに塾のリュックを背負って地下鉄に急いでかけ乗っている光景を見ました。21時過ぎまで、塾の教室に閉じ込められて勉強をしていたのだ……と少し驚いてしまいました。

夜の21時といったら、小学生にとっては、夕食をすませて、お風呂に入っている時間ではないでしょうか……。こんな時間に小学生の子供がいることに驚愕して、自分の子供にはこんなことはさせない……、と心に固く誓ったのを覚えています。

小学校3年生の秋には全国小学生統一試験があります。多くの子供さんがこのあとの4年生から塾に行きはじめるのです。塾に行きはじめると、中学受験へのレールに乗ることになり、その後、高校受験、大学受験と目指すようになり、ティーン時代のすべてを受験のために過ごすようになってしまうのです。

実際に私も1970年代でしたが、初期のころの中学受験をしました。今現在も人気の大手の塾の日曜教室に通学していました。毎週、膨大な量の問題を解かなければならず、算数などもかなり時間をかけて、小学生時代から解き方を覚えなくてはいけないのです。好きなピアノを弾く時間もなくなり、小学生時代から勉強に集中をしなければいけませんでした。自分の子供もこのような中学受験のレールに乗せていいのだろうか……もっと違う方法で、子供の可能性を伸ばすことができるのではないだろうか……。

日本だけでは、中学、高校時代と英語を必死に学んだとしても、海外の英語圏の大学に入学できる英語のレベルに達することはほとんどできないのです。それは、海外からの帰国子女の方の英語と比べてみると歴然です。

私も学生時代、実際に模擬国連委員会の場で、帰国子女の方たちが英語で自分の意見を発表する場面に出くわしました。スムーズに英語を駆使する姿をとてもうらやましく思いました。日本だけで英語を学んできた私は、自分の意見を一言いうだけで精一杯でした。そのあとが続かないのです……。

息子も、日本で中学受験をして、大学受験に進むレールに乗ったとしても、日本で英語を学ぶだけならば、私と同じようになってしまうのではないか、日本という狭い世界だけにとらわれ、自由に自分の可能性を伸ばすことができなくなってしまうのではないか……。それだったら、子供は海外の学校に通学をさせて、英語をより実践的に使えるようにした方がいいのではないか……と思いました。日本での塾通いの生活から離れることもできるし、英語も実践的に身につけることができる……日本の固定観念や枠から離れることもできるし、もっと広い視野でティーン時代を過ごすこともできる……！

子供が10歳になった時、この年齢は、ちょうど海外へ飛び出すのに最適だと気がついたのです！　10歳は、算数の四則計算もできるし、漢字も書けるようになっているし、小説も読めるようになっているし、作文もできるようになっています。日本の教育を離れても大丈夫なのではないだろうか？　10歳くらいから英語を学んでいかないと、将来的には、英語をスムーズに使えるようにはならないのではないだろうか……。10歳という年齢が海外へ飛び出す最適な年齢であることに気がついたのです。

以上が、我が家が10歳の子供を連れて海外を舞台に生きていくことを決めた理由になります。幸い、私は恵まれた結婚をしました。夫は、いわゆる三高（背が高く、高学歴で、高年収）ではないのですが、私がありのままでいることができる、自由でいられる、そんな包容力のある人です。案の定、私の考えを理解してくれました。そして、実行！　我が家は、個人が自由に生きることを大切にするために海外を選択したのかもしれません。

そしてその結果、とても素晴らしい世界が待っていました。今、我が家は新しい21世紀型の家族の形をつくることができたのだと、自信をもって話すことができます。

この本では、そんな新しい家族の形をご紹介します。海外に出てみると、想像を超えた素晴らしい体験が待っています。海外は思ったより遠くなく、思ったより素晴らしく、自由なのです。

第1楽章

andante

我が家の状況

アンダンテ 歩くような速さで

我が家がどのようにしてここまできたのか

我が家は現在、海外で子供を育て、教育をする道を進んでいますが、子供が10歳までは日本で過ごしていました。10歳ぐらいには、子供の能力が横並びになると聞いたことがありました。どんなに早期教育をしても、10歳ぐらいでほとんど同じになると。子供が10歳とは、算数の四則計算もすべてできますし、漢字も書くことができるようになるころです。簡単な小説を読んだり、作文も書くことができる時期になります。我が家は子供にとって一番よい時期、10歳になったところで、海外に出ることになりました。子供が10歳になったそんな時期に、偶然にもチャンスが舞い降りてきたような気がしたのです！　導かれるようにそうなっていきました。

①　2000年から2011年まで

息子の乳幼児時代から10歳まで

序章にも書きましたが、乳幼児時代から競争がはじまっているということです。3

か月検診で、我が家は大きく成長しすぎたのですが（ミルクの量を間違えて、母乳がよく出ていたらしく……）ウチの息子を一瞬見て、自分の子供と比べて心配そうにしていたお母さんもいました。やはり、みなさん自分の子供と他人の子供を比べているのだとわかった瞬間です。

日本の幼稚園、保育園もお母さんの負担が大変です。幼稚園カバンを5種類つくってくださいといわれた時は驚愕しました。シューズバッグが外履きと上履きの2つ、お着替えバッグ、レッスンバッグ、斜め掛けバッグです。お母さんの手づくりでお願いしますとお手紙に書かれていましたので、裁縫のできない方は……と唖然となりました。裁縫ができない方のための手作りカバン専門店もあるのです。

誰かが夏休みにインターナショナル幼稚園に行くと聞いたら、我が家も……と負けん気を出して参加してみたり……もう誰かに負けたくないという雰囲気がとても感じられました。小学校時代は、多くの生徒が塾に通学して、子供たちは毎日忙しそうでした。お母さんたちは、教育情報を逃さないとばかりに、教育雑誌を真剣に読んでいました。お母さんたちが負けたくないといつも思っているので、子供にも伝播して、負けたくないといつも思っている子供が多かったです。

２０１１年3月11日14時46分、この時を境に私の価値観がガラリと変わりました。津波の映像が何度も放映されて、家が財産にならないということがよくわかりました。我が家は家をローンで購入していて、大きな負担がありましたが、しかしそれが子供にとっていずれ財産になると思っていました。よい立地での持ち家は、子供の将来に役立つと信じていたのです。しかし、これはダメなのだと直感でわかり、どんな場所でも生きていけることが必要であると強く感じました。持ち家、モノなどは、自然災害が起これればなくなってしまうものだからです。

子供に何を残してあげればよいのかと考えた時、教育だけが唯一の財産であると思いました。どんな世界でも生きていけるように、サバイバルの術を教えなければいけないと考えた時に子供が10歳でしたので、海外に出て、サバイバルの方法を子供に教えよう！　と思ったのです。

日本で受験のレールに乗り、上へ上へと登ったとしても、それは、日本式の価値観であり、世界にはもっと多くの価値観があり、子供が10代のうちに、語学でも、多様性のある価値観でも身につけた方がいいと思ったのです。このチャンスを最大限に活かしたいと考えました。

②２０１１年５月と、６月から８月まで
ビザランの始まり。まず、アメリカのシアトルに２か月、観光ビザで。

最初に海外のどこに行くのがいいのかな……と考えた時、やはり子供の喜ぶことをしようと思い、息子が行きたいところに行くことにしました。最初は、日本の福岡ドームのあたりでもいいかな……とも考えたりもしたのですが……。『海外のどこに行きたい？』と聞いたところ、シアトルマリナーズの野球観戦！という答えがすぐにかえってきました。息子は小学校１年生くらいから、北米プロ野球リーグＭＬＢのファンで、アメリカの球場をすべて回りたいといっていたからです。中でも、シアトルの球場は写真で見ても、とても魅力的な球場だったようです。みなさんイチローファンでしょ……といわれますが、実は、ピッチャーのヘルナンデスのファンだったのです。息子は日本の野球チームでピッチャーをしていたことも多かったからです。ポジションは、ピッチャーとサードでした。ですので、もう、ほかには何も考えずに、アメリカのシアトルへ飛びました。

最初は１週間のシアトル観光を決行しただけです。野球少年だった息子には、初めての海外でもあり、マリナーズの球場ということで、夢のような１週間だったと思い

ます。私はスポーツに関心がないので、息子のSPのようなもの、かばんもちのようなもので、ついて行っただけの感覚です。可愛い息子のために、ハイハイ、荷物もちでも何でもしますよ!! シアトルマリナーズのファンショップでも何でも、安全確保でお好きなところへついて行きますよ……。10歳の息子の楽しそうな横顔を見ているのがとても楽しみでした。最初のシアトル行きは、観光旅行で、1週間で帰国をしました。

さて、これからどうしようかと考えていました。愛する我が子のゆく末を考えて、どうするのがよいのか……と毎日深夜2時までツイッター、ブログ検索をしていました。テレビや新聞で見る情報とは違ったものがたくさんありました。この時にいろいろと開眼させられたのかもしれません。そうしたら、なんと、シアトルのホームステイの情報が飛び込んできたではないですか……。

シアトルに1週間観光で行き、帰ってきてすぐに、シアトルで日本人のホームステイを受け入れるという、日本人とアメリカ人のご夫婦の方の情報が舞い降りてきたのです。すぐに応募しました。受け入れの問い合わせも順調に進み、シアトルに観光ビザの期間で滞在できることになりました。我が家のビザランのはじまりです。ビザランとは滞在可能期間内に出国をしてまた入国を繰り返して長期滞在をすることです。

6月末から8月末までの2か月間、シアトルに滞在しました。その間に、バンクーバや、南のポートランドにも行きました。レーニア山にも登りましたし、カスケード山脈沿いでキャンプもしました。息子は夏休みの野球サマーキャンプにも参加することができました。ちょうど夏休み期間で、アメリカの学校に参加することはできませんでしたが、シアトルでも毎日野球のキャッチボールの練習をしていましたし、野球キャンプの参加もできたし、家では、自力で勉強をしていました。四谷大塚の予習シリーズのテキストをオンラインで購入できましたので、それをもって行き、自力で進めていました。

そして面白いもので、シアトル滞在中に、次の行き先、オーストラリアのケアンズが決まったのです。これも最初はホームステイの受け入れでした。最初は、オーストラリアのケアンズに9月末から12月末の90日のホームステイを予約して、1月から3月までは、ドイツのゾーリンゲンのホームステイを見つけて、予約しました。

このように、次々と観光ビザの範囲で次の予定を入れていき、そのうちに、長期で住むことができるのでは……という予感を抱きながら進めていました。日本人はアメリカが大好きですね。我が家の主人も典型的な日本人感覚で、子供がアメリカに行ってきたことをとても喜んでいました。日本の小学校のクラスのお友達にもシアトルのお土産を渡しましたが、子供たちにもアメリカに行ったの？　と大人気でした。

③ 2011年9月終わりから12月まで

オーストラリアのケアンズに観光ビザで3か月

9月の末から12月の末まで、オーストラリアのケアンズに観光ビザで3か月滞在し、息子はケアンズの公立の現地校に3か月通学しました。息子にとっては、初めての海外の小学校で、何が何だかわからなかったと思います。まず3か月、何でもいいので、慣れればいいなと思いました。英語がわからなくても、みんなが右に動いたら右に動けばいいし、みんなが左に動いたら左に動けばいいのです。英語がわからなくても、何でもできる！　と学んだ時代だと思います。

最初の1週間、先生たちは少し嫌がっていた様な気がしましたが、私も強行に授業を見せてもらいました。息子を安心させるためと、オーストラリアの小学校の授業がどうなっているのかが知りたかったからです。1日授業を見ていて、羨ましい……私も小学校から英語の授業を受けたいな……とすぐに思ったのです！　10代の伸びる子供時代に、日本で10歳まで日本語で学んできているので、これ以降は、英語の方がいい。これからの時代には、必須であると、すぐに感じました。せっかくこのようなチャンスを与えられたのだから、このまま素直に進んでいこうと思いました。

　今でもケアンズでの最初の1週間をよく覚えています。あれから8年、9年と経過していますが、最初の親子留学の始まりの思いを覚えています。ただただ、子供が安全で海外の学校に慣れてほしいと思っていただけです。この3か月の間に、翌年の4月からの長期オーストラリア滞在の予定も決定しました。次の年の4月から入学する小学校も決めることができたのです。

△3か月通った公立学校

△ケアンズの朝焼け

④２０１２年１月から３月まで
小学校転入までの間にドイツのゾーリンゲンへ

２０１２年の１月から３月までは、ドイツのゾーリンゲンに行きました。観光ビザでのドイツの滞在です。こちらは、シアトル時代のホームステイ先の方が探してくださり、シアトル滞在中に決定していました。私たちは現在ドイツのベルリンにいますが、この時は、ドイツのビザについても何も知らず、ドイツはこの３か月だけだ……としか思っていませんでした。受け入れてくれるホームステイの家庭があったので、流れのままに動いていたのです。

ホームステイ先は、猫の家族も一緒に住んでいる可愛いご家庭でした。ドイツ人らしく、環境問題に関心があり、世界の情勢にもとても詳しい方でした。ナオミ・クラインの『ショック・ドクトリン』の本についても教えてもらいました。この時代に息子はドイツのサッカーに興味をもちました。この３か月は学校に通学することはできませんでしたので、寒い時期でしたが、ドイツのサッカー・ブンデスリーガの試合を見に出かけました。ケルン、メンヒェングラートバッハ、ニュルンベルグ……。息子は日本の小学校６年生の勉強を自力で進めながら、ドイツに滞在して、観光して……

というとても自由な時間を過ごしました。

この時が、自分の時間は自分で決めるものだな……という感覚がわかった時期なような気がします。息子も、学校に縛られないで、自分の好きなことをやるという時間をもつ大切さをわかった時期です。学校に通学しない時間というのも大切だな、と思いました。

△ゾーリンゲンのステイ先の猫

⑤2012年4月から2014年12月まで
オーストラリアケアンズでの本格的な長期親子留学

ケアンズの小学校は、前回の小学校とは違い私立のカトリックの小学校に通学しました。公立校と比較をして、学費も同じでしたので、また、息子がこちらの学校を選びたいといったからです。毎日の英語漬け、学校生活を過ごすうちに、1年ほどで、授業についていけるようになりました。毎日の英語シャワーはすごいものです。11歳でこの環境は素晴らしいと思いました。

11歳は英語に集中する時になりました。11歳の1年間、日本の中学受験の勉強より、英語漬けになることを強くおすすめします！　この時期、小学生が毎日朝9時から15時まで英語漬けになる、英語のシャワーを浴びることがどれほど貴重なことかがよくわかりました。1年くらいで、英語がものになるのです！　1年すぎたあたりで、ロアルド・ダール（イギリスの小説家）の英語の本なども簡単に読めるようになったのです。家に帰ってきてからも、英語を必ずものにする！　という決意のもとで、真剣に取り組みました。2年目には友達とも自由にコミュニケーションがとれるようになり、学校以外でもずっと英語での環境になり、爆発的に英語の力も伸びていきました。

小学校を卒業して、ケアンズ3年目、ハイスクールに入学しての1年間（ハイスクールとは日本の中高になります）もノリに乗った時代で、英語力はさらに伸びて、授業はもちろん、数学でもコンペティションに選抜されるまでになりました。3年目のはじめには、地元のオーストラリアの子供たちと英語の実力もほぼ同じになったのです。

△二校目の私立学校の学校行事

△息子はすぐに生活に慣れました。

しかしながら、私はその先を考えていました。オーストラリアの大学は年間500万円の学費がかかり、物価も日本の2倍、3倍ですので、これ以上ここにいては経済的に危険であると思いました。また、親の私自身がガーディアンビザでしたので、オーストラリアの永住権を取得することも難しいだろうと予想できました。ガーディアンビザとは、18歳未満の学生ビザ申請者（または保持者）の親、親族、法的後見人が、付き添いを希望する場合に申請するビザです。

よく調べていくと、オランダ移住ができることがわかり、その後ドイツも可能であることがわかりました。

ドイツ……。私は昔、ドイツ語学科の学生でしたので、こんなところで、チャンスがくるのだなと思ったものです。息子はもう1年オーストラリアにいたかったようですが、説得してドイツ行きを決定しました。私たちは、ケアンズからメルボルンへ行き、そこで夏のクリスマスを過ごして、メルボルンからベルリンに飛んで行ったのです。

⑥２０１５年１月１日より
ドイツ ベルリンのウェルカムクラスからギムナジウムへ

我が家は２０１４年の12月31日、23時50分オーストラリア・メルボルン発の飛行機でベルリンに向かいました。大晦日の23時50分発ですので、離陸時の眼下には、カウントダウンの花火が見えました。２０１５年の１月１日にドイツのベルリン入りをして、この日からベルリン生活がはじまりました。ベルリンに決めたのは、滞在許可が取りやすいといわれていたからです。息子にとっては、せっかく英語ができるようになったのに、今度はドイツか……ということで、大変だったと思いますが、若い時代に語学をいくつか学ぶことはよいチャンスだと思っています。

日本だと受験勉強に費やされる時間を英語とドイツ語の語学の習得に費やしていた息子であります。私自身、日本で勉強をしていて、受験勉強なども実はあまり意味がないと思っていたので、語学の習得に時間をかける方が有意義だと思いました。中高時代は、英語しか勉強してこなかった……くらいに私自身振り返って、思うのです。

ドイツの学校では、最初の1年間はウェルカムクラスでドイツ語を集中的に勉強しますが、1年後には、そのままウェルカムクラス併設のドイツの中高一貫校であるギムナジウムの9年生に14歳で進学しました。10年生の最後には、MSA（中等卒業試験）があり、それに合格して、11年生に進学しました。

11年生、12年生は、高校卒業試験であるアビトゥアのための大切な時代です。アビトゥアに合格すると、原則として望む大学の入学資格が得られるのですが、実際は定員数などの問題から、成績優秀者が優先される傾向があるのです。

我が家では、最初からの計画通りに、11年生を2回繰り返す方式をとりました。最初の11年生のテストに合格をすると自動的に12年生になってしまうので、11年生の試験を棄権すればよいのです。外国人として、また、滞在1年でギムナジウムの9年生になったこともあって、大切な11年生を2回繰り返す方式は賢い選択であったと思います。このように、最後の高校卒業試験でよい点数が取れるように、アイデアを駆使して、自分の方式でみんなと違う選択をしていくことも、息子にとってためになります。そして、今、まさに進行中なのです。

⑦2020年
ベルリンに住んでいること

我が家はドイツのベルリンに住んでいます。アメリカのシアトルから出発して、オーストラリアで3年半を過ごし、ドイツにきて5年になります。最初はこのような経緯をたどるとは想像すらしていませんでした。人生とは不思議なもので、今、この時を一生懸命進んでいれば、次のドアが開いていくものです。我が家は、シアトル旅行をして帰国したら、シアトルでのチャンスが舞い降りてきて、シアトルで真剣に調べていたら、オーストラリアへの道が、オーストラリアで真剣に調べていたら、ドイツへの道を拓いていたのです。

いく先、将来が見えない、不安、心配であると悩んでいる方も多いかと思います。不安や心配をもっていると、そのように本当になってしまいますので、必ず道は繋が

△ベルリン大聖堂

ると信じて進んでほしいと思っているのです。

そして、我が家がドイツのベルリンに住んでいることは、時を遡ること1988年ごろからのご縁があったようにも思います。私は1988年3月に、ベルリンの壁を見にきました。1988年の春休みに3か月ドイツのケルンに滞在して、語学学校に通学していたのです。旅行でミュンヘンかベルリンか……どちらに行こうかと迷い、ベルリンの壁を見に行こうと決めたのです。いずれベルリンの壁がなくなるかもしれないからベルリンにしよう！　と、さっと頭をよぎったような気もします。多くの日本の方がミュンヘンやロマンチック街道の観光を選択していた時代でした。東ベルリンに1日入国すると、ベルリンの壁の東側は、広告のない殺風景な暗い感じの町でした。西ベルリンのようにソニー、味の素、東芝、アディダスのような広告がなかったのです。当時は日本もバブル時代でしたので、西には日本の広告もたくさんありました。東西冷戦時代というものを、肌で感じた瞬間でした。その時は思いもしませんでしたが、不思議なご縁に導かれているように、今ベルリンに住んでいるのです。

欧州の生活と生活費　ベルリンにて

ベルリンの日常

ベルリンの日常生活は、日本の東京に比べて、ゆったりと時間が流れていきます。ドイツは東京のように一極集中ではなく、地方分権なので、混雑もすべてにおいて解消されています。例えば、学校の夏休みなども、ドイツの州ごとに期間が違いますので、ホリデーの混雑もないのです。

学校、教育制度も州ごとに管理されています。働いている方たちも、水曜日の午後や金曜日の午後は休みになっているところも多く、日曜日になるとすべてのお店が閉店していて、とても静かになっています。働く時間も、朝4時、5時から始まる人も

△ベルリン春のひざし

いるし、朝7時から会社での仕事が始まり、14時ぐらいには終了している方もいるのです。日本のように通勤電車が混雑することもありません。

夏になると夜22時ぐらいまで明るいので、みなさん公園で寝そべっています。また、ドイツ人は夕食の支度には火を使うことがほとんどありません。パンとチーズで簡単に済ませるのです。一日のメインの料理は、ランチに食べる方が多いのです。

ベルリンの生活費

ベルリンは家賃が高騰していますので、以前よりはかなり高くなったようです。2000年の初めに比べると、この19年くらいで4、5倍になったとも言われます。広さや場所にもよりますが、10万円から20万円くらいになります。東京と同じくらいではないでしょうか……。食費もピンキリですが、オーガニックも多いので、選択肢がたくさんあります。

○学費について
ベルリンの公立の現地校は無料になります。私立のインターナショナルスクールなどは学費がかかり、高いです。ドイツの大学も、国公立は無料になります（一部の州で有料のところもある）。

私立大学は有料になります。また、ベルリンでは2019年8月から学生の交通費も無料になりました。

△ベルリンの学校

ドイツでは物欲がなくなる理由、居心地がよい理由とは？

ドイツではモノへの執着が少ないと感じます。毎日通うスーパーでも、商品の品揃えは、日本より断然に少ないです。注文しないと売っていない場合も多く、商品があふれていない感覚があります。

日本に一時帰国した7歳の子供さんがいいました。『ベルリンの方が落ち着く…』と。その子のお母さんも、なぜか日本では忙しいといっていました。実家ではテレビがいつもついているし、あれやこれやと宣伝が多いともいっておりました。

コンビニは便利かもしれない。でも、もしなかったとしても、生活はできるかもしれないのです。世代によっても違いますが、ドイツ人の家は、わりとスッキリと整頓されていて、モノが前面に出ていない状態です。日本人の一般的な家では、細かいごちゃごちゃしたモノがいつも前面に出ているような気がします。

一方、精神面においては、ドイツ人は日本人よりも他人に対して敬意、リスペクトの態度が身についていると感じます。ドイツ人は多くの方が盛んに自己主張をして、自分の意見をはっきりという方が多いですが、相手の意見も尊重して耳を傾けてくれることも多いと感じています。日本の敬語は他人に対して敬意を払う、リスペクトする言葉が多いのですが、敬語を使用していても、なぜか嫌味やマウンティングの発言をする方も多いのです。たぶん、本当はそんな気もちはないにしても、雰囲気でそうなってしまうのだと思います。他人のミスを指摘したり、重箱の隅をつつく発言も多いのではないでしょうか……。他人のミスを指摘したり、悪い点を見つけることで、シャーデンフロイデを感じていたり、自分が少しでも上にいたいと思う感情かもしれません。残念なことに、ドイツ人にもシャーデンフロイデの感情はわりとあるようです（シャーデンフロイデとは、他人の不幸は蜜の味……のような意味です）。しかし、普通のドイツ人は日本人よりは競争観念が少ないと感じています。

このように考えてみると、他人より少しでも上でありたいという考え方は、子供のころに身につくものなので、日本の小学校時代に問題がある、または、小さいころの親の価値観からの影響である思っています。その点では、ドイツ人の方がロマンティックな考え方をするのかな……、小学校時代の絵本の習慣によるものなのかな……と観察しています。

ドイツ人の価値観についていえば、ドイツ人はミヒャエル・エンデの『モモ』で語られている「時間について」の考え方を理解していると感じます。ドイツ人はお金より、休暇が大切だと思っている国民です。ストレスフルな仕事はよくない、重責のある仕事はよくない、という価値観をもっていると思います。このあたりが日本とは違う点です。日本は多少のストレスがあっても、重責のある問題を解決して達成することが大事だという価値観です。ドイツ人の休暇は海辺などで、1か月もの間ずっと何もしないということが多いそうです。「時は金なり」を表現した『モモ』の作品は、ドイツ人が大切にしていることを表現していると思います。

ベルリンの街並みは、道路の脇に木が植えられているところが多いです。木を大切にして、自然を大切にして、動物を大切にしていると思います。

新しくマンションを建設する予定地で木を伐採するとなると、近隣のドイツ人たちは反対をして、木が切られる瞬間には、悲鳴をあげて騒ぐそうなのです。自然を大切にしたいドイツ人たちの心が伝わってくるような気がしました。

△ベルリンの街角

△ブランデンブルグ門の裏側。
5月、ドイツの一番よい季節。

第1楽章
我が家の状況

親子で海外へとつきぬけよう

日本の空気を読まなくてはいけない雰囲気から少しでも脱出したいと思いませんか？　親の価値観を変えないと、子供の価値観は変わりません。子供が大人になった時、競争、妬み、恨み、人を引きずり下ろしたい思いにあふれていたならば、自分を窮屈にさせてしまうだけで、自分の首をしめるような人生になってしまいがちです。これはちょっといいすぎかもしれませんが、日本の多くのお母さんも子供さんもなぜか不幸になる渦の中に飛び込んでいってしまっている……と感じています。

周りの雰囲気を読むのではなくて、自分が何をしたいのか？　自分は誰か？　という問いに答えるためには、海外に一度暮らしてみないと、答えが出せないのかもしれません。レールに乗ってそのまま流れていては、本当に大切な答えを見つけることができないかもしれません。子供が10歳、20歳になるまでに、自分は誰か？　という答えを見つけるチャンスを与えたいと思いませんか？　そのためにも、親がよい綺麗な心、価値観をもって、子供を連れて海外の広い世界へ飛び出してみませんか……？

私はそんな提案をずっとしたいと思っているのです。

第2楽章

10歳からの計画　高校まで待てない

アレグロ 速く

allegro

10歳で、お母さんは子供と海外に飛び出そう！

バイリンガルになる、トリリンガルになるための計画とは、10歳前後になったら海外に飛び出すことです。11歳、12歳ぐらいの年齢が一番英語の習得に適しています。理由としては、10歳までに日本の小学校での基礎的な学力が身についているからです。

我が家もちょうど10歳で海外に飛びだしたのです！　10歳という年齢は、まだ小さい子供のようでもあり、もう小学校卒業のようなやんちゃで元気な時代です。考え方が柔軟であるこのころに海外の学校を経験して、英語を習得するのがよいのです。

ただ、子供一人で、単身で留学させるのはちょっとかわいそうな年代でもあります。実際に単身留学で毎日泣いていた子供さんを見たこともあります。だからこそ、お母さんと一緒に海外に飛び出す必要があるのです。お母さんが子供と一緒に海外に行くことは、今では親子留学とも呼ばれます。お父さんは日本で逆単身赴任になります。お母さんと子供で海外に出発するのです。

家族が離れているのは何か問題でしょうか……。スカイプもある現在は、問題ありません。日本とドイツの時差はサマータイムで7時間、ウィンタータイムで8時間です。日本の方が進んでいます。ですので、子供がドイツの小学校から帰宅する14時ごろは、夏だと日本の21時でお父さんも家に帰宅して夕食をするころです。日本に子供がいた時は、21時といえば子供はもう寝なくてはいけない時間ですね。ですので、お父さんと毎日ゆっくりと話すことができないのです。しかし、ドイツにきた家族の場合は、お父さんが帰宅時間の日本時間21時はドイツは14時で、この時間から子供はお父さんとずっとコミュニケーションをとることができるのです。逆にお父さんの方が、24時になると疲れてしまう場合も多いとか……。

すごいと思いませんか？　発想の転換ですね！　黄金の時期の10歳を狙って、ぜひ、海外にむけての一歩を踏みだしてみてください！

3歳からの綿密な計画が必要

10歳で海外にお母さんと飛び出すためには、早い時期からからの計画が必要になります。なぜなら、子供が10歳の時点で何も準備ができていなくて、海外に出ることができない方が多いからです。

子供が10歳の時に、どのように海外に行くのか……、一番ネックになることは、親子留学をする資金があるかどうかなので、この時期までに計画的に資金集めをする必要があります。お母さんも海外で自立して仕事ができるように、準備をはじめておく必要があります。

海外に行くことを決めて、いずれは、お父さんも海外に行くことを計画しているならば、日本に持ち家もいらないですね。ローンで家を購入する必要もないのです。ですので、計画的に子どもが3歳ころから動き出すことが大切なのです。または、ローンで家を購入しておいて、少し、資産を増やすことにするなどの計画も大切ですね。

お母さんにとって、日本でも海外でも場所を選ばずに自由業で働くことができるようにするためにはどうすればよいでしょうか……。

子供が3歳ぐらいから計画的にはじめていくことで、準備期間があり、あとで楽になります。お母さんの起業、自由業といってもすぐにはできませんので、7年ぐらいかけて、進めておくことも大事なのです。現在ドイツに親子留学されている方で、自分の起業もまだなうちにきている方は、とても大変です。私自身も急いで準備しましたので大変でした。また、子供にとっても、10歳までに日本でできることは、すべてしておこう！　という計画も必要です。

子供はすぐに10歳になってしまいます。海外に出てから、日本に戻りたい、日本が恋しいとならないように、日本を十分に満喫させておくことも大切なのです。日本でやりたいことはすべてやった、ということで日本のすべてをやり終えさせてから、海外に出発する必要もあるのです。10歳からは、日本にいないのだ、海外に行くのだという10歳まで限定の期間だと考えて前に進んでいきましょう。日本各地の旅行なども体験しておいて、日本を十分に知っておきましょう。

例えば、文系に興味のある子供さんならば、10歳までに漢字博士になっておく……、そんなことも、そのあとにとてもよい影響があると思うのです。10歳までに漢字検定の1級が取得できる勢いで漢字に興味をもつことは、子供の脳細胞の発達によい影響があるのではないでしょうか。

一方、理系方面の子供さんなら、そろばんに集中してみるのもいかがでしょうか……。実は我が家はそろばんに集中していました。小学校入学前の秋ごろ、幼稚園年長の10月からそろばんをはじめることはおすすめです。普通のそろばん、暗算、フラッシュ暗算などで、右脳を鍛えることができるからです。小学校低学年のころが適齢期ではないでしょうか……。

我が家の経験からは、そろばんで右脳を鍛えたことが、その後、海外に出て、英語、ドイツ語を学んでいく時、ボキャブラリーを増やしていくことに役立ちました。右脳が鍛えられているので、単語やスペルをすぐに覚えてしまうことができるのです。右脳の威力ですね。

3歳から9歳までは、スポーツ系の習い事、音楽系の習い事、勉強系の習い事をうまく組み合わせることが大事になります。

●3歳、4歳でやること（年少さん）

身体を動かす、リズム感を身につけるなど自由な動きが大切。外遊び、家での遊びなど、自由な遊びが大切な時期です。（習い事の例／リトミック、体操教室、バレエ、ピアノ、バイオリン、絵画教室）

●5歳、6歳でやること（年中、年長さん）

スイミングをはじめたり、音楽の習い事、サッカーなどもはじめる時期です。そろばん、公文式、レゴ教室に通う子も多いです。活動的な遊びが大事な時期です。（習い事の例／水泳教室、そろばん、サッカー、ダンス、公文式、レゴ教室）

●7歳、8歳、9歳でやること（小学校低学年）

小学生になり、自分に適した習い事を継続していきます。日本語を身につける大事な時期でもあり、また、算数の四則計算を習得する大事な時期です。お母さんと一緒にたくさん勉強をしましょう。（習い事の例／野球、テニス、スキー、数理教室、理科実験教室）

また、勉強や習い事の面だけでなく、海外に出発するために海外の何かに興味をもっておくことも大事になります。例えば、我が家では、MLBの野球のファンでしたので、それが、アメリカへの興味につながり、海外に行きやすかったというのもあります。どんな習い事や興味でも、海外との繋がりを見出すことができますので、お母さんがいかに子供を導いてあげるのか……が大切だと思っています。子供が3歳ぐらいになったら、7年後の海外進出を目指して動いていかないと、なかなかうまく動けないことがわかりますね。

10歳まで日本語、10歳から英語

5、6歳ごろから8歳ごろまでが日本語脳が確立される時代といわれています。この時期に英語の学校に通学していれば、英語脳になりますし、日本の学校に通学していれば日本語脳になります。日本人としては、基本的には日本語脳でありたい……と思ってしまいます。

なぜなら、親が日本人ですので、子供も基本的には日本語脳でないと、思春期、もう少し年齢が上になって日本語で深いお話をしようとした時に、話にならないようでは、家族としても困ってしまうからです。これから海外に出ようとする子供さんも、できたら基本的には日本語脳を確立してから、外国語を学ぶことが大切なのではないかと思っています。そう考えていくと、10歳という年齢が日本語から英語へ切り替える適切な時代だと思うのです。

今現在、日本の小学校でも小学校3年生ぐらいから英語の時間を設けているようですが、実際には、遊び程度にとどまっていて、英語を習得する段階までには至っていないのです。実際には、中学に入学してから英語を真剣に学ぶようになっていますが、ちょっと遅いのではないかとも思っています。10歳から12歳までのフレッシュな脳の時代に英語を習得させたいと思いませんか？　つまりは、中学英語を日本で学ぶ前に、英語を海外で学びたいという思いがありますね。

我が家では実際に10歳の時にはビザランをしていたので、ほとんど遊びになっていたのですが、11歳から毎日真剣にオーストラリアの小学校に通学しました。11歳、12歳、13歳と非常に大事な時期を英語の習得に費やしたと振り返って感じています。

13歳の1年間はオーストラリアのハイスクールでしたので、ハイスクールを経験できたのもよかったと思っています。10歳、11歳、12歳の3年間の英語留学だと、ちょうど12歳で小学校を卒業し、13歳でハイスクールの1年目を終了することになります。10歳からスタートするよい点は、繰り返しになりますが、小学校1年生の6歳、7歳あたりですと、まだ言葉ができ上がっていない時代での英語の習得になってしまうことです。その点10歳以上だと、言葉の使い方が日本語ででき上がっている時代なのです。ですので、10歳からの3年間は、6歳からの5年間に相当するのではないでしょうか……。そんな点でも10歳、11歳からの3年間は効率がよいと考えています。

14歳になったら、ドイツの学校でドイツ語をマスター

10歳まで日本語を身につけたあとは、10歳から12歳、13歳ころまで3年間くらいで英語を身につけ、そのあとドイツに移動をしてドイツの学校に通学して、ドイツ語を

身につけていくとよいのです。この方法だと日本語、英語、ドイツ語の3カ国語をバランスよく身につけることができます。

日本語は母国語でもあり、お母さん、家族との基本的な言語になります。日本語は、精神的な支えにもなり、情緒安定の役目もします。お母さんがいつも話す日本語がとても大事で子供の心、精神の核となります。

英語はPCの中、情報取得のため、映画、音楽、スポーツ、娯楽、ニュースなども英語が中心になります。オンラインでの勉強なども英語でのサイトが多いので、英語は、PCの中で頻繁に使用します。英語は端的であり、情報取得やビジネス的な言語に適していますので、コミュニケーションにおいても最適であると考えています。

ドイツ語は長期で滞在する場所であり、毎日の学校の勉強や、将来的に大学でも使用しますので学校で使用する言語という位置づけになります。14歳から身につけるドイツ語が中学、高校、大学、就職でも使用していくことになります。

英語をどのように維持していくかは、ドイツの学校の英語の授業を真剣に進めていくことです。ドイツの学校の11年生（高校2年生）、12年生（高校3年生）になると、イギリスのケンブリッジ英語検定試験のための英語の授業の選択もありますので、こちらの授業を進めるとよいでしょう。

10年生の最後には、MSAという、中等卒業試験があります。試験科目は3教科で、ドイツ語、英語、数学になります。ドイツ語は13歳、14歳ごろからはじめて触れるので、現地の同学年と比べると13年、14年の遅れになります。外国人として、ドイツ語を乗り越えていくのは大変ですが、長い目で見て、サバイバルしていきましょう。3年、4年、5年と経るうちに慣れて、馴染んでいきます。

ドイツの大学入学のためには、アビトウアを合格すること

ドイツで中学、高校と進んでいく場合は、ドイツの大学入学のためにアビトウアの試験に合格する必要があります。アビトウアの試験は、900点満点ですが、600点が11年生、12年生の授業での評価、残りの300点（1科目60点で5科目）がアビトウア試験での評価になります。発展コース2科目、基礎コース2科目、口頭試験1科目の5科目の試験です（現在のベルリンの場合）。

授業での組み合わせにもよりますが、好きな5科目を選択することができます。例えば、スポーツや音楽を選択してもよいのです。ドイツ語、英語、その他の言語から必ず1科目、社会科系から1科目、理科系から1科目入れる必要もあります。10歳か

ら英語を3年間習得してきた場合は、英語を1科目に入れてアドバンテージを取れますし、14歳からアビトゥアへ向けて、中学、高校時代を過ごしてもよいと思います。

子供の得意を大事にすることは、語学以上に大切

子供を海外の学校に通学させて、日本語、英語、ドイツ語の3か国語を習得させることも大事なのですが、一番大事なことは、同時に子供が得意であること、好きなことを伸ばしてあげることです。よくお母さんが希望することを子供に押しつけている方もいらっしゃいますが、それでは、子供はいずれ伸びなくなってしまいます。子供の遊びを小さい時からじっと見ていき、子供が得意なこと、本当に好きなことを伸ばしていくことが大事です。

昨今、中学受験も盛んで、小学生の時から、医学部を目指している子供も多いと聞き、これは、親が小さいころから洗脳しているのか、強制しているのではないだろうか……と思ってしまいます。今の時代の子供も賢いですので、一番お給料のよい職業は、お医者さんと聞くと、それになりたい！　といっている子供も多いのかな……と想像します。子供がそんなことをいおうものなら、お父さんもお母さんも子供の教育

に熱が入ってしまうのも無理はありません。しかし、本当に医学に興味があり医学部に入るならいいのですが、お金が目当てだと、病院経営に向いていることになり、子供にとってはあまりよくない人生を歩んでしまうことになりがちなのです。

10代前半がキーポイント！　抜群に伸びるこの時期を大切に！

海外で10代を過ごすこと、10歳から英語、ドイツ語と学んでいくことは、語学習得の黄金期ですので、非常に脳の訓練、活性化にもなります。10歳、11歳、12歳、13歳と英語を習得することが非常に大事になります。そして、英語を習得してから、似たような言語であるドイツ語を取得する方が効果が出るのです。我が家の息子の経験から、10歳から19歳までは、語学を習得する期間であると思います。脳も柔軟ですし、記憶力もよく、語学の習得に適しているのです。いろいろな知識から考えを深めるのは、20歳以降が適していますので、大学時代からがよいのです。英語、ドイツ語と習得して、どんな言語の情報でも得ることができるためにも、10代は語学習得に時間を費やす時代です。

■0歳から10歳まで（乳幼児期、小学校中学年時代）／
身体を作り、遊びや運動を通して、基礎的な体力をつくる時代。
■10歳から19歳まで（小・中・高校時代）／
語学で脳を鍛えて、記憶力のよい柔軟な脳で語学を習得する時代。
■20歳から29歳まで（大学、大学院時代）／
大学の研究にて、多くの知識から深い考察へと深める時代。

ドイツでは年齢は関係ない。30歳で大学に入学する学生も多い

ドイツでは、勉強に年齢は関係ないという考え方が浸透していて、30歳すぎて大学に入学する方も非常に多いです。ドイツの高校生も、大学入学のためのアビトウア（大学入学資格）試験が終了しても、すぐに大学に進学する生徒ばかりではありません。大学では勉強が大変ですので、まずは、海外放浪をしてから進学するという生徒も多いのです。また、人気があり入学希望者が多い学部などは、入学の順番待ちで待っている生徒もいます。

日本だと、大学受験のあとにすぐに入学のために入学金を納めなければいけないですし、年齢や先行きを急がされている場合も多いと感じます。そして、大学を卒業したら、新卒で入社をしなければいけないので、もう大学3年くらいから就職活動になりますね。いつも焦らされてしまっています。

ドイツは超学歴社会ということもあり、博士号を取得すると名前にDr.をつけることができますので、大学、大学院卒業の価値が非常に高くなっています。日本では、博士課程まで卒業しているのに、就職先がないという非常に不幸なお話を聞いたこともあります。現在では、やはりドイツでも文系科目は就職が大変だというのもありますが、基本的には、修士号、博士号が大事になっています。ですので、30歳になっても、何歳になっても、大学に進む方が多いのです。基本的に学費が無料ということもあり、何歳になったとしても、大学に進学していくのです。

10歳代の脳の黄金期を見逃さないで！

子育て本では、0歳から3歳までの教育が大切だといわれています。しかし、まだ、

10歳から15歳までに英語や語学の教育が大事だとはいわれていないと思います。しかし、我が家の経験から、10歳から15歳の時代は、英語とドイツ語など、2ヶ国語を習得するために適した時代であると思っています。

つまり、10歳代、ティーン時代は、語学習得の時代だと考えます。受験に時間を費やすのはもったいなく、海外で語学を習得する時間がよいのです。ですので、10歳からの海外生活が大事であり、高校生になるまで待つことができないのです。

子供が10歳になるまでには、長いように思われますが、実際には、小学校に入学をしてあっという間に子供は10歳になってしまいます。10歳代での語学の習得は目を見張るものがあります。20歳以降の語学の習得とはまた違い、中高時代を英語圏、ドイツ語圏で過ごすことに意義があると思っています。10歳から18歳ごろまでが語学習得の黄金期ではないでしょうか……。

△子供はあっという間に大きくなります

第3楽章

子育て、子供の教育こそが親の崇高な仕事

全身全霊で子供を育てること

子供の教育は、「小鳥のように思いのままにうたえ……」
『あるヨギの自叙伝』(ペラマハンサ・ヨガナン著)
第29章　教育の理想　タゴールとの会話より

親が子供に財産として贈りたい教育とは、ブランド大学などの学歴や資格だけではないと常日頃思っています。子供がこの世に生まれてから一緒に過ごす一瞬、一瞬のその時が大切です。親は子供の成長をじっと見守っていきます。どんな仕事よりもより大事で、崇高であり、かけがえのないものです。

子供は親の表情、言葉、態度を生まれた瞬間からからじっと見たり、聞いたり、感じていきます。親のその時の感情や想い、価値観が非常に大切なのです。息子に母乳をあげている時、息子は私の顔をじっと見ているな……きっと心の中まで見えているのだろうな……と思いました。親がつまらない噂話に熱中して、暗く、悪いことばかりいっているならば、子供も世界もつまらなく、暗く、噂にまみれた悪い世界が広がってしまう……と思いました。反対に、希望がある言葉を投げかけて、明るく、どんなことでも可能性があるという世界を子供に見せていくならば、子供の目の前には、広大な世界が広がっていくのだろうと思いました。

私は母親として、息子に広大な世界、どんなことも可能性がある、どんなことでもできる、この人生は素晴らしく、自分なりにつくっていくことができることをずっと見せてあげたい、これこそが、子供へ贈る唯一の財産であり、子供の教育であると思ったのです。

ノーベル賞を『ギタンジャリ』で受賞しているインドのタゴールは、『あるヨギの自叙伝』第29章「教育の理想」の著者との対話の中で、このように語っていました。

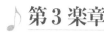

「教育とは、小鳥のように思いのままにうたえ……」

この言葉がずっと頭の中に響き渡っています。子供への教育は、小鳥のように思いのままに自由に歌うことがいいのだ……とわかった時、非常に世界が広がっていくような感覚がありました。

たぶん、子供に幸せになってもらいたいと思いつつ、小鳥のように自由にうたわせるというより、小さな鳥かごの中に押し込んで、アレやコレやと毎日うるさい言葉を投げかけている方も多いのではないか……と思いました。子供が小さいころから英才教育をしていく、早めに文字や計算を訓練させてしまう、受験勉強を目指して進ませるなどは、小さな鳥かごに子供を強制的に押し込めているのかもしれません。

本当に子供が好きなことが見えていますか？　子供の個性や特徴、感性を大事にしていますか？　子供が嫌がることを無理やりさせていませんか？　親が満足をするために、子供に習い事をさせて、親の夢を子供に託していませんか？　親が将来的に安心をするために、子供に養ってもらいたいと計画していたりしませんか？

子供には、その子なりのやりたいこと、するべきことがあるのです。親から強制されてやることは何もないのです。心理学者の岸田秀さんによると、母親は子供を自分の思い通りに支配して自分の安全と平和のためにその力を行使している、などといわれているようです。このような母親は、毒親と呼ばれて、詳細な本などもあるかと思います。お母さんの生き方や価値観が非常に大事になってきます。

親自身がネガティブの連鎖を断ち切りましょう

多くのお母さんと接する中で、子供にいろいろとうるさくいう前に、親自身がまず、ちゃんとした大人になっていないし、満足もしていないし、欲求不満のかたまりで、子供にそれをぶつけてしまっている方も少なくありませんでした。子供に願う前に、親自身がまずはどうにかしなければいけない、親の価値観や人生観の問題の解決を早急にしなければいけない、とも感じました。非常にネガティブな考え方、否定的な発言をする方をたくさん見てきたのです。

どうしてそうなってしまうのだろう？　なぜ、明るく未来を拓くことができるような考え方をしないのだろうと観察してみると、ほとんどの方が同じでした。日本で受けてきた学校教育のせいかとも思います。自分はこれしかできない、得意なものはあまりない、私にもできるのでしょうか？　と心配や不安をいつも抱えていて、明るい未来を見出せずにあきらめていて弱気になっている方も多かったような気がしています。他人を見ては、隣の芝生は青い……のような感じで、羨ましくなり、それが妬みに変わっていくのです。もうネガティブの連鎖しかないのです。

昨今では、フェイスブックやブログなどで、他人の様子もわかりますので、それを見ては、自分はダメであると落ち込む方も多いのです。フェイスブックなどでは誇張してよい面しか表現していないのに……。

家の中でお母さんがいつもネガティブな発想をしているのなら、一緒に毎日暮らしている子供はいつもネガティブな空気の中で育っていくことになってしまいます。日本の学校も外国に比べて規制が多いですし、褒めてくれる教育ではないのに、家でもお母さんからネガティブな雰囲気を与えられていたら、子供の将来はどうなるのでしょうか……。だからなのか、日本人は自分に厳しい人も多く、いつも陽気で明るいとは決していえない方が多いです。むしろ、人の批判をして、ケチをつけることで、自分を安心させている方も多いように思います。

　お母さん、親が、子供にいかに明るい前向きな態度で接して、多くの可能性や選択肢を見せてあげることが大事なのかがわかります。親自身も、もっと明るく、人生を自由に謳歌する姿勢も大事なのです。暗い、狭い、先が見えない世界をつくっていくような親、お母さん自身の想いを、変えていかなければいけないのです。

　また、損得勘定を非常に強く持っていて、損をしたことに非常に敏感に反応をして、怒りに変わっていく方や、少しでもいいのでお得なチャンスを得たい方も多くて、よいか悪いのかの判断ではなくて、少しでも得をする方へ走ってしまうのです。善を選択するのではなくて、長いものに巻かれて安心したい、利権などにも敏感に反応して、社会的に強い方のもとで安心を得たい、など……。

　このような損得勘定は、子供に敏感に伝わってしまいます。お母さんは自分のエゴのために子育てをしていることを子供には見抜かれてしまいます。そうすると、子供は反抗心をもつようになるのです。子供に将来の可能性を広げてあげたい、素晴らしい教育という財産を贈りたい場合は、お母さんの利己主義的なエゴも手放さなければいけないことがわかります。

子供の視野、価値観を広くさせる、柔軟にさせる

親が子供に与えたいこと、それは、多くの可能性を見せてあげることだと思っています。こんなこともできるし、あんなこともできるということです。もちろん、海外に行き、山や海や世界遺産……など子供に見せることができるのなら、それは素晴らしいことですが、もし、海外に行くことができないとしても、日本国内でもいいですし、家の近所だけでもいいと思います。子供になんでもできるのだ、どんな可能性でもあるのだということをいつも伝えてほしいと思っています。どこか遠くに旅行に行かなくても、家の近所で、早起きをして、朝焼けを見ることができるなら、どんな旅行よりも素晴らしい風景に出合えて、感動ができるかもしれません。親は子供にこんな近所でも素晴らしい朝焼けを見ることができることを子供に教えてほしいと思います。どこか、何か特別なことをしなければいけないというわけではなくて、自分の考

え方、物の見方を広くして、柔軟に発想転換をすることで、多くの可能性を見い出すことができることを、実践してあげてほしいと思っています。

多くの方は、これしかない、これしかできない、それは難しい、そんなことはできない……といって、チャンスを逃していることも多いのかと見ています。こんな小さなことから、こんな可能性もある、いろいろな方法がある、180度ものの考え方、価値観を変えてみるということをいつもしていることが大切です。

このような考え方も慣れや習慣で身についていきます。どんなことでもできるという考え方の癖、習慣が身についてくると、子供もどんなことがあっても乗り越えていくことができるサバイバルな精神を身につけることができます。いつでもサバイバルができるという自信を身につけたのなら、どんなことも乗り越えていけますし、これこそが、子供に贈る財産ではないでしょうか……。

実際に我が家では、オーストラリア時代にケアンズで皆既日食が早朝にあったのですが、またとない大きなイベントでしたので、多くの方が、車で1時間かけて太陽を見渡せる海岸まで出かけていました。我が家は小学校もあり、そんなに遠くまで車で行くことができませんでしたが、どうにかして、この世紀の皆既日食を息子に見せてあげたいと思いました。どこか東側が抜けていて、建物で太陽が邪魔されない場所はないものかと探しました。すると近くの公園に東側が抜けていて、少し高台になっているところがありました。ここなら家からもすぐですし、早朝でも無理なく観ることができます。

皆既日食当日の早朝です。朝7時ごろの太陽が月と重なり、完璧に夜のように暗くなるという神秘的な瞬間を体験しました。今まで太陽が照らしていたのに、真っ暗な世界になるという不思議な瞬間でした。その後、最初はダイアモンドのような光を放ち、太陽が再び顔を出してくる瞬間も観ることができました。こちらの近くの高台の公園からは、完璧な皆既日食を観ることができたのです。あえて遠くに行かなくても、近場で完璧な皆既日食を観ることができたことに自分でもびっくりしました。

のちに聞いたのですが、海岸方面に出かけた方は、途中から雲が覆ってしまい、完璧な皆既日食ではなかったとつぶやいていました。この当時の皆既日食を観るためのアドバイスでは、海方面がおすすめスポットになっていたと記憶しています。しかし、実際には、高台からの皆既日食の方が今回はよかったのです。人から聞くこと、書いてある情報より、自分でこれがいい！　と感じた事の方がよかったりする場合もあるという例だと思います。

考えを柔軟にする、固執しない、視野を広げてみる、価値観を少しずらして見てみることの大切さがわかるかと思います。どちらかというと、自分なりの方法でなんでも進める方がよい方向へ導かれるものなのだといつも感じています。

子供を固定観念、窮屈さから脱出させてあげたい！

現在日本で子供を小学校に通学させている親御さん、お母さんから聞いたことは、小学校の図工の時間では、空は水色で塗りましょう、太陽は赤で塗りましょうと指定されると聞きました。娘さんが空をピンク色でぬったところ、だめだといわれたそうです。実際に朝焼けの空は、ピンク色。夕焼けの色はオレンジ色です。なぜ、ピンク色の空がいけないのでしょうか……。空は水色で塗らなければいけないという固定観念を子供に与えてしまうことがいけないと思います。我が家の息子は幼稚園のときに、動物園の絵を描いたのですが、一切動物を描かないで、カラフルな色を塗っただけでした。これが動物園なのです。ひそかに、すごい！　なんて思ってしまいました。確かに動物園を遠くからみると、カラフルな感じがします。学校の図工などでも絵を描くなら、もっと自由な感じでもいいのかなと思います。

また、小学校では、学芸会、運動会などでも、何度も練習をして失敗をしないようにと先生も生徒達も真剣に取り組みます。しかし、学芸会も運動会も、お楽しみであるので、もっと自由で気楽な雰囲気でもよいと感じました。学芸会や運動会が学校の先生の評価のひとつになってしまい、先生の評価を高めるために子供たちが練習に時間を割いてしまうのも不思議だなと思ったことがあります。実際に我が家の息子は、オーストラリアの小学校の卒業式で、みんなでの最後の合唱、歌の披露がありましたが、1回くらい練習をしただけだったようで、グダグダな感じでした。でも自然な感じで、とても可愛くてそれなりによかったです。練習の成果が出ているというのもいいのかもしれませんが、そんなに成果主義でないのもなかなかいい感じであると思いました。

日本の子供も、大人の影響を受けて、成果主義、結果を出さなければいけないという固定観念をもち、窮屈な子供時代を送っていることも多いのかなと思ったことがあります。それは、とても競争心が強い子供が多く、ゆっくりした子供、ペースが遅い子供、心が繊細な子供がいじめられ、仲間はずれにされている現象からも見てとることができます。

こちらの個人主義が合っているので、ベルリンに来たというお子さんがいました。その子が日本の学校の性格の強い方にいわれたことは、『あなたは、マイペースでいることができていいね。私はマイペースにしたくてもできない……』このようにいわれたそうなのです。小学生くらいでも大変だなと思ってしまいました。

何が、子供を急き立てるのでしょうか……。親でしょうか……。マイペースにできないということは、親から何かを強制されているということになります。結果をださなければいけない、成果をださなければいけない、よくできる子であるとみんなに思われなくてはいけない、学校や塾で成績がトップであることをみんなに見せなければいけない、常に流行の最先端や情報をつかんでいるように見せなければいけない……など、このようなことを小学生時代から背負って過ごしているのでしょうか……。

できない！　ということは何もない！　を伝えること

親御さん、お母さんが子供に伝えてほしいことは、できない！　ということは何もないということです。どんな難しいことでも一万時間をかければ達成できるといわれますし、もし、これがだめでも、あれがあるという代替もあるということを伝えてほしいと思っています。

私自身、母親からなんでもできる！ と教えられて、楽しく過ごしてくることができました。私の母はダイナミックな考え方の持ち主で、学校の勉強は予習をして、自分で調べて、広げて、先生より上手になるのが面白いなどといっていた人なので、テストのための復習なんてつまらない！ とまでいっていました。

よく考えてみればそうなんですよね……。自主的に主体的に勉強をしないと身につかないものなので、先に先生より多く予習をしておくのは大事であると思います。先生からいわれたことだけをしていてはつまらないし、何も身につかないものです。また、親御さん、お母さん自身ができないのでは……という心配や不安に襲われている方が多いので、子供にも、できない！ という言葉を投げかけて、制限をかけてしまっている場合も多いのです。私は自らの経験から、できない！ ということは何もないと思っています。

例えば、私の経験では、大学の学科がドイツ語学科だったので、入学当初、学事部がいうには、教員免許はドイツ語しか取得できません。英語の教員免許を取得できる時間はないし、前例はありませんといっていたのです。せっかく大学を卒業するのに、英語の教員資格がないのは意味がないなと思っていました。すぐに学校の先生にならないとしても、女性なので子育てをしながら、英語の塾の先生、英語の講師の仕事をするチャンスは多いだろうなと予想できました。

前例がないといっても、どうしても取得したかったので、大学3年、4年次には、いつも英語の教員資格のための授業単位を時間割にパズルのように埋め込む作業をしていました。1年間での最高単位まで埋め込んでいました。すると、なんと、英語の教員免許の必要単位がちゃんと入るではないですか……。誰ができないといったのでしょうか……（残念ながら、中学の教員のための道徳の授業たった1時間が入らなかったのですが……別に高校の英語の教員免許で十分だと思いました）。私自身、他人ができない！　といっていることを信じてはいけないな、なんでもできるなと思った瞬間です。

これは、その後、就職する時も、結婚してからも、息子を育てる時も、海外に出てからも、多くの方からは、難しいといわれていることを実現してきている元になっていると思います。多くの方が、それはできない、それは難しいと躊躇していることをよく見てきました。それは、実はできないのではなくて、やりたくないだけで、逃げているだけで、怠惰なだけで、本当にやりたい、必要であると思っているならば、やっているはずなのです。子供には、できない！　ということはないのだと、ずっといい続けたいと思っています。

国や枠を超えて世界のどんな場所でも自信を持ち、図太く進んでいくことを伝えたい

日本であっても、海外であっても、どこでもどんな言語であっても、世界のどの場所であっても、自分をしっかりさせて、自信をもつという、まず自分を信頼しながら進めていくことが大事であるということ。そのことを、子供が小さい頃から示して、まずは親が子供の目の前で実践し、その姿を見せてあげることが必要だと考えています。どんな場所でも図太く生きていけることができる方法を理解したのなら、怖いものなしともいえます。

実際に海外で生活をしてきて、もちろん現地の言葉を理解していることは大事ですが、それよりも、知らない土地に住むという覚悟や異邦人として過ごしていく方法、慣れ、雰囲気に馴染むことの方が大事であるとも思っています。外国語なども慣れであり、だんだんと身についていきますので、焦る必要はないのです。それよりも先に、語学がまだできない間に、どのように知らない土地に馴染んでいくか、異邦人としてやっていける覚悟があるかの方が先に必要だからです。海外で言葉なしに生活できることが大事ともいえるのです。

息子はオーストラリア時代、英語がまだほとんどわからない最初のころ、小学校でみんなが右に動いたら、自分も右に動けばいい、みんなが左に動いたら、自分も左に動けばいいと学んできたと思います。言葉が通じなくても、なんとかついていく方法、知っている単語だけを駆使して伝える方法も身にしみてわかってきたと思います。言葉を超えた雰囲気のようなものの方が、言葉よりも大事であると理解してきたと思います。息子は最初の英語圏での親子留学を振り返って、1年間はほとんどしゃべらずにずっと聞いていたよ、見ていたよ……といっていました。

小さな子供さんでも最初の発語が遅い子供は、人の話をよく聞いているといわれていて、実は話し始めるのが早い子供よりも、理解力があるということと同じように感じました。小学生時代から海外で外国語を身につける試練のようなものも大切だと思っています。

じっと聞いている、見ている、という期間は、忍耐力も養うことができます。これからの時代は、小さいころから、たくさんの国を見て、知って、日本ではない国でもどこでも生きていける、サバイバルができるように親が誘導してあげることが大切になります。

自由に柔軟に、楽しみながらどこでも生きていくことを伝える

親が子供に自由に思いのままに生きること、柔軟にとらわれずに考えること、楽しみながら場所を選ばずに過ごしていく姿を見せていくことで、子供が見ながら学ぶことができます。これからの時代は、どんなところでも自由に思いのままに生きていくことができることが大切だな……とよく感じます。

自由というのは、エゴイズム、利己主義、自分勝手という意味ではありません。自分で本当によいと思ったこと、自分で考えて本当に大切であると思ったことを他人に惑わされずに選択するという意味になります。今までの時代は、モノをたくさん所有して、ブランドモノなどももちながら自分を満足させて、ローンを支払い、将来的に住む家を確保したような気になり、家族とはいつも連絡が取れることで安心している世界……こんなところに多くの方が安住していたことと思います。しかし、何かがおかしい、違和感がある、本当はこんなことはしたくないと思っている方、思っていた

方も多いのではないでしょうか……。

誰かに認められるために何かをしているのか？　結果や成果を出すためにこんなことをしているのか？　本当に私は何をすることが大切なのか？　こんなにモノを抱えていたら動きが取れない、ローンを払い続けて家を所有してそれで人生が終わってよいのだろうか？　家族は大切だけれど、肉親同士のいがみ合いも多く、家族の縛りというのは自分を固定してしまうものではないのか……など、多くの方が疑問をもっているのではないでしょうか……。子供にも自分と同じような固定観念や縛りのようなものを引き継いでもらう必要があるのかと考えた時、とても恐ろしくなり、子供にはすべての固定観念、縛りなどを取り除き、私の世代で終わらせなければいけないと思いました。

自分を自由に思いのままに行動できなくするものは、従来の固定観念、たくさんのモノの所有、家族の縛り、コミュニティーの縛り、さらに、一番自分を動けなくしていることは、自分を自分で縛りつけていることです。親が自分を縛りつけていては、子供に伝えることができません。負の遺産を子供にまた伝えることになってしまうのです。お母さんこそ、親御さんこそが発奮して、子供に自由に思いのままに生きることを見せてあげなくては、子供は誰を指針にしていけばよいのでしょうか……。

♪第3楽章

子育て、子供の教育こそが親の崇高な仕事

世の中の多くの方も縛りの中で生きています。仕方がないといつもいいながら、安心や安定と引き換えに何も変えずに生きています。自分で責任を取りたくない、チャレンジをしたくない方は、子供は未来がある、これから自由に生きていける……とかいって、自分では実際に何もやらずに、子供への期待や未来だけを口だけで述べていることが多いのです。本当に子供のことを思うならば、親こそが今すぐに動かなければいけないと思っています。よく、親がこんなになってがんばっているのだからといって、子供に恩を売っている方もいますが、これもひどいと思っていて、これでは、子供に親がこんなにしているのだから、結果をだせよ！　と脅迫をしていることにもなるのです。

親がするべきことはもっと違うところにあります。親、お母さんこそが、狭い世界を飛びだして、まず、お母さん自身が満足をして、自由に思いのままに生きることで、子供にも期待しない、誰にも期待しない、そんな自然な姿を子供に見せてほしいと思っているのです。お母さんが自由に満足しているのをみると、子供も自分もこのようになりたいと自然に思っていきます。このようなよい自由の世界には、ねたみ、後悔、復讐心などはなくなると思うのです。

妬み、恨み、後悔、復讐心といったものは、心に余裕がないからこそ生まれるもの

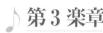

ではないでしょうか。そういう人は、それを違う形で、子供にぶつけてしまいます。「勉強しなさい！」とお母さんが子供に怒るのは、子供のためを考えていっているのではないかもしれません。何かお母さんの中で、満足しないことがあるのです。だから、子供の行動の1つひとつがいちいち気になっているのです。お母さん自身が満足して、心に余裕があるならば、子供に鬱憤《うっぷん》をはらすことはなくなるのです。親自身、お母さんこそが、まず先頭に立ち、自由に柔軟に楽しまなければいけないし、子供にその姿を見せていかなければいけない、と私は思うのです。

第4楽章

シンプルな生活とお金について考える

pesante

ペサンテ 重々しく

pesante

お金で悩んでいない人はラッキーである

この世の中はお金で悩んでいる方は多く、お金で悩んでいない人はラッキーであると聞きました。ドイツ人は旅行をするためにお金を稼いで、旅行ですべて使ってしまい（年に30日くらいの有給休暇があるからだと思いますが）、そして、お金がなくなると、また次の旅行のためにお金を稼ぐという感覚だそうです。日本人は、将来のために貯金をして万が一のために貯めておく、教育資金を貯金するという方も多いのではないでしょうか。ドイツのように社会保障が充実していないとか、将来が不安ということで、お金はためるものとしている方が多いと思います。

欧州人の考え方では、お金がある人、富裕層に対しては、普通ではなくてあやしい、何か悪いことをしている……という感覚をもっている方も多いと聞きましたが、日本では、お金もち、富裕層に対して、うらやましい、すごい、私もそうなりたいと思っている方が多いような気がしています。

また現在の日本では、生活をしていくだけでも大変である方も多い現状です。お金もちになる必要はないけれど、普通に生活ができて、子供の教育費、医療費ぐらいは無料になるのが国の政策としてはあたりまえだと思いますし、家のローンを支払うことで一生が過ぎてしまう、一生かかって家のローンを背負い続ける人生は本当に意味があるのか、住宅も空き家が多い時代ですので、無理をしなくても老後の家ぐらいはどこにでもあるような気がするのですが……。地方には古民家などもたくさんあると思います。しかし、日本にはいまだに持ち家信仰のようなところがあり、持ち家にこだわる方も多いと思います。これこそが、固定観念であり、脱することが大事だと思っているのですが……。海外移住をするためにも、日本の家をどうするか？　というのが、価値観を変えていくためにも非常に大事なところとなります。

人生の3大出費は、住宅費、教育費、医療費である

人生の3大出費は、住宅費、医療費、教育費だそうです。確かに、親世代を見てきて、住宅費、家のローンのために一生をかけてきたのを見ていますし、同時に子供の教育費、私立に通学させると学費も高いですので、家のローンと教育費に追われて、30代、40代、50代、と過ごしながら、子供を成人まで育て上げるという方が多いと思います。そして、子育てが終わると、次は医療費がかかってくるという現状ではないでしょうか……。

我が家は海外生活を決断したとともに、この人生3大出費をいかに減らしていくか……という挑戦でもあったと思っています。

ドイツにきて、いろいろな国の方とお会いしました。ヨーロッパの方はもちろん、シリア、アフガニスタンからの難民の方、イラン、イラクからの方、ロシアやその近辺諸国からの方などにもお会いしました。そして、生活のことや教育のことを話していると、多くの国で、教育費が無料、または、ほとんどかからないのはあたりまえであることがわかり、特にシリアでは、教育費も医療費も無料であったと聞きました。教育費が高いのは、大学関連ではアメリカ、イギリス、イギリス関連の国々、そして日本やアジアの国々はそれなりに学費がかかるようになっています。

我が家はドイツにきたことで、ほとんど学費を無料にすることができました。それも大学、大学院まで、国公立の大学ならばほとんど無料にすることができるのです。

医療費についても、ドイツではよほどのことがない限り医者にはいかないという雰囲気もありますので、毎日ハーブティーを飲んだり、自然療法などを駆使して、身体をメンテナンスできるような環境にあります。ですので、残るはひとつ。我が家では、住宅費さえどうにかすればよいということになったのです。それには、価値観をコペルニクス的転回のように変えて、家族全員で立ち向かっていくことで切り抜けることができると考えていました。

我が家は家についてどのように考えてきたのか?

私は、家などは固定しないで、自由にいつでもどこでも動ける方がいいと思っていますので、賃貸派でもよいと思っていましたが、我が家の主人は、どうせ家賃を支払うのなら、購入した方がいいという考えでした。また、大黒柱としてマンションのひとつぐらい購入したいということで、子供がまだ小さいころにマンションをローンで購入しました。私は、賃貸で毎月家賃を支払うのと、ローンを組んで縛られて毎月支払いをしていくのとは、支出以外にも気分的にも違うと思いますし、持ち家になれば、固定資産税も払うようになりますので、さらに負担となり、縛られることはいやだなと思っていました。しかし、主人が大黒柱で働いてローン返済することになるので、最後には、主人の意向を大事にすることにしました。仕事への意欲も変わってくるだろうし、まあ、いっか……とも思いました。

実家の家を見ていると、老後には夫婦2人で住むことになるので、大きな家もいらないですし、高齢になると、2階への階段も大変になりますので、マンションの小さな家ぐらいでいいと思ってしまいますが、実家の母親は庭があることを望み、土いじりをして、お花などを植えたいタイプのようです。私は反対に、実用的でシンプルな小さなマンション系が好みです。このあたりは世代の違いでしょうか……。

マンションをローンで購入した際には、我が家の主人は自分の城をもつことができたことを大変喜んでいました。しかし、私は固定される、自由でないことを好みませんので、これでよかったのかな？　といつも疑問に思っていました。利便性のよいマンションでしたので、それなりによいとは思っていましたが、ずっとここになるのかな？　人生とはこんなものなのかな……とも思いつつ、子育てに集中していましたので、いずれ子供に財産として渡すようになるのだとも思っていました。

しかし、２０１１年、東日本大震災で我が家もコペルニクス的転回のような方向転換を迫られました。海外生活をするとなると、資金も必要ですので、日本の家を小さくダウンサイズしていく必要もありました。しかし、頑固な主人はなかなか今住んでいる家を手放して、もっと小さいマンションへと買い換えることを好まず、ずっと渋っていました。私はオーストラリアから説得するのにもメールを通して大変でした。

自分の人生の大仕事として、一大決心をして自分の城を購入したのに、それを途中で変えていくのはいやだという気持ちは十分にわかります。しかし、実際問題、日本と海外、と家族が離れて住む場合、日本に大きな家を持つ必要はありません。ダウンサイズさせて小さな家をもった方が今後の動きもとりやすくなります。主人も論理ではわかっていても、なぜ、そうまでして……という気持ちだったかと思います。

初志貫徹という言葉を主人は好みますが、私は臨機応変の方が大事だと思っているのです。初志貫徹は、もちろん大事です。最初に思ったことを最後まで貫くということは、継続をすることで力になっていきますので、大事なことですが、残念ながら、時代が変遷していく中では、初志貫徹より、臨機応変の方に軍配があがるのです。初志貫徹といって、そこにとどまっていてはいけないのです。時代は動くこと、臨機応変さを求めています。

私は、主人に何度もメールで伝えました。ひとつの考え方に固執することは、今後、よくない人生になるので、ここは、柔軟に考えて、自分の大事な城を手放すことで、自分の仕事の方に運が回ってくると思うよ……と。最初は主人もどうしても納得がいかないようでした。主人を動かすために、まずは私が率先しなければいけないと思い、まずピアノを処分することにしました。大事なピアノでしたが、売ることにしたのです。電子ピアノもありましたので、同時に処分しました。ピアノなど、所詮、モノですので、惜しいことは何もないのです。

するると、主人の考えが変わっていきました。ヤツは大事なピアノを手放したということは……オレも手放さなければいけないということか、と思ったのでしょうね……。最初は車を売ることにして、だんだんと家の買い替えも考えるようになりました。次第に固執した考え方を手放すことを学んだようでした。最初の家を手放して、小さな家に買い換えてから、主人は本当に運が上がってきたと思いますし、そして嬉しいことに健康運にも恵まれてきたと観察しています。子供を守ることを優先したことで、運と健康がお返しとして戻ってきたのだと思います。

実は、振り返ってみると、私の考えでは、最初に住宅ローンで購入したマンションは、主人の意向を尊重しましたが、長い目で見て、人生において、負担になるものであり、もう少し価格も抑えた方がいいとずっと思っていました。東京でも首都圏はマンションの価格も高いですので、多くの方がそのような思いをしていると思いますが、このような結果になったのも、何かの導きがあったのかもしれません。

こうして、我が家は家をダウンサイズすることで、日本の生活と海外生活の両方がスムーズにできるように進めてきたのです。今思うことは、これで真っ当である……という感覚です。家のローンの負担は大変なものであることがわかります。

ミニマムライフ、シンプルライフで出費をおさえる

海外生活をすることと同時に刻まれた我が家の歴史は、家を小さくしただけでなく、家族全員でモノを少なくする、こだわりを少なくしていく歴史でもありました。流行りのミニマムライフの実践、シンプルライフの実践などに近いものがありました。

家族関係、人間関係を究極に小さくすることで、交際費などの出費もおさえることができます。意外にも交際費というのはばかにならないものです。交際費から、ちょっとした心ある簡単なメールなどへの変更でもよいのではないかとも思っています。

また、こだわりや固執することを手放すことで、出費をおさえることができます。外面的なこと、見栄をはるようなことを手放してしまえば、そのあたりの出費もおさえることができるのです。家などを手放すことも、こだわりや固執をそぎ落とすことになると思います。

家のほかに、車、モノの所有、ブランドものなどを手放すことも大事になってきます。本当に毎日の生活で必要なものは何だろうか……という日々の問いかけとともに、少しずつ面倒なことから離れていくことができました。そうすると、最後の最後で、これは手放すことができないというものが現れてきます。これこそが、自分にと

って大事なことやモノになります。

食に関しても同じです。成長期の息子は別ですが、私たち夫婦はもう半世紀以上の年齢ですので、こんなにたくさん食べなくてもいいだろう……動くのに必要なエネルギーだけ食べればいいのでは……という考えになっていきました。外食もたまにでいいわけですし、ちょっとしたカフェでさえも、もういらないかもしれません。自宅でコーヒーやハーブティーを入れて、もっと質のよいものができるはずです。外食やカフェなども、気分転換のために時どきでよいのです。

あれもしなければいけない、これもしなければいけない、あれもやってみたい、これもやってみたい……ということが、だんだんとそぎ落とされていきました。まるで、ダイエット、デトックスのようです。気持ち的には、こんなこともする必要がないし、あんなこともする必要がないし、静かにのんびりしている方がいいかな……という感じになっていきました。ほんの少しだけでいいという生活をしていくと、かなり出費をおさえることができるのです。節約ができないのは、浪費癖が原因であり、娯楽を楽しみたいと思っていると、散財をしてしまうことになります。娯楽さえ、もしかしていらないのかもしれません。大事なことは、衣食住を整え、仕事を進めればよいだけだと、大切なことだけがクローズアップされていきました。

ドイツの我が家のシンプルライフスタイル

ドイツの我が家は、とてもミニマムスタイルで、普通の家庭にある電化製品などもどんどん排除していきました。もちろん、電子レンジはキッチンにありませんし、リビングにはテレビもありません。掃除機もありません。洗濯機と冷蔵庫は必要ですので、シンプルなものを設置しています。洋服も箪笥方式ではなくて、簡単な洋服ラックにしています。本棚も設置していませんので、本などは、箱などに整理する方式です。家の中の大物家具は、ベッドと机だけになっています。だんだんとこのような形式にしていきましたが、洋服ダンスや本棚がないので、空間に圧迫感がなく、部屋がゆったりと感じられます。個人個人のデスクがありますので、そこにPCを置いて、自由に、思いのままに作業ができる

△オーストリアで買った手づくりのふくろう、ポポちゃんはここが定位置。

ようにしています。

昔、小学生の頃、『ちいさなおうち』という絵本を読み、その時から、小さい家というイメージが大好きでしたので、だんだんと近づいてきているかもしれません。また、絵本『バーバパパ』のまるい家をご存知ですか？　それぞれ家族個人の好きなことに合わせた部屋がつらなってできているアート的な家です。スポーツの部屋、音楽の部屋、ファションの部屋、望遠鏡で空が見える理科の部屋などがあります。私の憧れの家は、バーバパパのまるい家の音楽の部屋です。

家がシンプルで小さい感じならば、毎日のライフスタイルもシンプルでミニマムにしていくとよさそうです。実際に私は3時から4時ごろには起床して、アーユルヴェーダで推奨しているように、白湯を飲みながら祈りを行うことから1日をスタートさせます。そして午前中に買い物なども済ませるタイプで、夜などは、もう21時から22時までには就寝してしまいます。午前中の方が外の空気も澄んでいますし、物事がスムーズにいくような気がしているからです。もちろん、夕方に慌てて買い物にでかけるようなことはしません。買い物もできるだけ、混まない時間、人が少ない時間帯を選びます。

キッチンの冷蔵庫の中はわりとスッカスカ状態で、冷凍庫にはなぜか、味噌だけが入れてあり（味噌は凍らないので、冷凍室での保存がいいですよ）、料理などにも時間をかけません。料理の味付けは、ほとんどヒマラヤピンクソルトやハーブだけでしています。

成長期の息子がいますので、子供に食べさせなければというのがありますが、私自身は、キッチンで料理をしながらつまむ程度にしています（これが、よくつまむのですが……）。我が家の主人も日本では、1日1食を貫いているようです。ひとりでの生活ですので、1食の方が簡単で負担もなく、ズボラな性格が功を奏しているようです。傾向としては、主人も私もある意味適当なベジタリアン系といってもよいのかもしれません。

△ヒルデガルドのスパイス

△塩やディンケルコーヒー

また、海外生活をしてきた経過は、家の中からケミカルなものを排除していくという歴史でもありました。家の中を掃除する際にも、重曹、炭酸ソーダ、クエン酸、お酢を使ってのクリーニングをします。洗濯の際にも、炭酸ソーダでの洗濯、床拭きなどもお酢を使うことでフローリングも綺麗になります。

キッチンには、食器洗い洗剤などは置かずに、お湯だけで洗います。洗剤を必要とするギトギトした食べ物は食べないからです。料理に使用する毎日のオイルは非常に大事で、オリーブオイル、ギーオイル、ヘンプオイルぐらいになります。

シンプルライフのポイントをあげるならば、よいものを購入すると値段が高くなってしまいますので、量全体を減らすことです。「よいものを少しだけ」の感覚になります。そうすることで、意外にも今までたくさん購入していた時と比べて、同じ金額で良質のものを適量そろえることができるようになると経験から感じています。

海外生活を目指す方にオススメ、我が家のスーツケース大活用術

我が家は海外生活を実践するにあたり、日本の家の、いままでの子育てでの子供の

思い出のもの、大事に残しておきたいものなどを整理整頓するために、とてもよい簡単な方法ですべてを整理してきました。それは、スーツケースにすべて収納するという方法です。

スーツケースのよい点は、立てて部屋の隅でも置くことができますし、鍵をかけることもできます。キャスターもついていますので、いつでも動かすことができます。そしていざとなれば、実家でもどこでもすぐに送ることができます。また、中身も壊れにくく、保存にも適しています。

ダンボールやプラスチックのケースへの収納よりも、実用的であり、スーツケースは海外に出かける方にとっては、いくつあっても便利なものです。我が家は、色とりどりのスーツケースをたくさん購入して、そこに子供の思い出の品、捨ててはいけないものを収納していきました。そして、最初のマンションから小さくダウンサイズさせた家にスーツケースを立てて並べて置いてあります。

面白いことに、親子留学をされている方のほとんどは、日本を出国する時に、断捨離をしてから出国されます。中には、断捨離をするために海外に出国をしたいといわれる方も多いのです。子育てをしていると、どうしても子供のもの、おもちゃ、絵本などがどんどんと溜まっていきます。これは思い出があるから処分できない、あれもできない……と家の中にごちゃごちゃに置いてしまうものです。そんな時に、海外に行こうと決断することで、全てを整理整頓できるようです。モノを整理して、いままでの人生のすべてをオーガナイズする訓練ができるのかもしれません。ずっと引きずってきたこと、モノを一旦、リセットするためにも、親子で海外に行くことはとてもよいチャンスであるように思われます。

All You Need is Less!

ドイツベルリンの我が家に近い場所に、こんな看板が何げなく置いてあります。

〈All You Need is Less.〉

ビートルズの歌、『All You Need is Love.』にかけてあるのですね。私たちに必要なものは、ほんのわずかである！　この看板を、本当にそうだな……と思いながら見ています。そのとおりなのに、私たちはなぜか多くのことを求めていないでしょうか。

人生は一度きりである……といいながら、だからこそ、あれもこれも、こんなことをしたい、あんなことをしたい……と多くのことに手を広げて、モノもたくさん集めて、流行っていることに振り回されて、結局いらなかったな……という経験をたくさんしているかと思います。

私もバブル時代を経験している世代ですので、多くの流行に振り回されました。ワンレン、ボディコン、ハイヒールの時代でした。イタリア料理、当時はイタ飯といっていたのですが、大流行りでとても人気がありました。ブランドモノをもたなければいけないという強制感みたいなものもありました。何かに取り憑かれたように、振り回される時代を経験してきました。

聞いたところによると、現在では、北欧女子というのが若い女性に流行っているらしく、ナチュラル志向、ほんわか志向であるとも聞きました。バブル時代より、今の若い方の方が断然、静かな落ち着いた傾向があるのかもしれません。

私たちは、そんなに多くのモノ、コトはいらないということを知ることが大事だと思います。ミニマムといってもいいし、シンプルといってもいいし、一点豪華主義といってもいい。それぞれお好きなように、そして、流行に振り回されずに、自分の内側から本当にしたいと思うこと、大事だと思うことを、必要なだけ取り入れることが大事です。そうすると、結局はそんなに多くのことはできないということに気がつきます。流されないということを基本にしていくと、自分に必要なものが少しだけ残っていくのだと思っています。

第5楽章
海外生活の光と陰

pastoso

パストーソ 柔らかく

海外生活のよいところ、異邦人感覚で自由な感覚がもてる

海外生活をしている日本人といっても、いろいろな方がいらっしゃいます。ご主人さまの海外駐在で滞在されている方、家族移住で滞在されている方、留学生で滞在されている方、そして、我が家のように親子で滞在している方など今現在ではいろいろな方法があります。

滞在方法によって、目的、将来の方向性なども違うと思いますが、親子で子供の教育のために海外に滞在している我が家の経験からいってみるならば、海外に滞在することで、親子で日本と海外のよさの両方を比較できる、広い視野で物事を見ることができるという利点があります。日本の枠、固定観念もはずしてきていますので、海外で「異邦人」として、自由な感覚をもちながら進んでいくことができる、大げさにいうならば、人生を悟るようにもなってきているといえるかもしれません。

多くの女性、お母さんは、海外に出ることでまた新しい価値観を身につけて、新しい視点での楽しみを感じています。むしろお父さん、男性の方が、海外に出る思い切りよさという点では遠慮がちになっているかもしれません。

本当は日本でも、もっと自由な感覚でできればよいのですが、日本にいると何かと

しがらみや今までに引きずってきているもの、家族関係などのごちゃごちゃなどで振り回されてしまいがちです。もっとすっきりしたい！　もっと自由な感覚をもちたい！　と思っている方は多いと思います。島国だからでしょうか……国の面積が小さいからでしょうか……それとも日本語でもうすべてがわかりすぎてしまっているからの甘えからでしょうか……。私もいつも不思議に思うのですが、日本にいるとなぜか狭苦しい、面倒なことが多いと感じてしまいます。

例えば、ひとつちょっとした体験談を出してみるならば、子供の学校の卒業アルバムでの経験です。オーストラリアの小学校の卒業アルバムなどはあっさりしたもので、本人の写真だけだったですし、ドイツの中・高でも毎年自分の写真を購入するだけになっていました。しかし、日本では、幼稚園からはじまって、小・中・高と卒業アルバムなども分厚いものになっているかと思います。

子供が幼稚園時代に卒業アルバム委員をしたのですが、幼稚園での遊びの風景の写真選びが大変で、学年全員が平等に写真に写っていなければいけないので、写真の大きさに対して、どれくらいの割合で写っているかなど検討しなければいけませんでした。また、先生に前年度と同じようにするためにとお伺いも立てなければいけない状況でした。もし、遊びの風景の写真などは、個人で購入すればよいようにできれば、オーストラリアの小学校のように、卒業アルバムは自分の写真と集合写真1枚だけになり、卒業アルバム委員も必要なくなると思いました。これは日本が面倒であるというひとつの例としてあげてみたのですが、多くの場面でそのように感じると思います。

海外でも国際結婚をして、義理の両親に囲まれている方などは、面倒なことは同じですよ……とおっしゃる方もいるかもしれません。確かにそうかもしれません。しかし、海外に親子留学をしている場合は、現地に知り合いや親戚などがいるわけでないので、わりと自由にしていることができるのです。これは、海外滞在の最初だけかもしれませんが、最初だけでもこのような自由な感覚を身につけたい、感じていきたいものです。それが将来的に良い価値観につながっていくかもしれないからです。

海外生活の悪いところ、孤独感、アウェイ感を感じてしまうこと

私は異邦人感覚で自由な感覚をもつことをよいと考えますが、異邦人感覚から孤独感やアウェイ感におちいってしまう方もいます。最初は海外生活で親子ともにワクワクしてやってきた方も、だんだんと現地の生活をしながら、孤独感、アウェイ感を感

じてしまう方も非常に多いと聞いています。英語でもドイツ語でも、やはりすべてを完璧にしていくことはできませんので、コミュニケーションをうまくとることができない、友達や知り合いがあまりいない不安、万が一の時には誰に頼ればいいのだろうか……など考えすぎてしまう場合は、落ち込み、鬱状態になってしまうこともあるのです。

私は多くの方を拝見してきて、やはり、日本と同じような感覚でできると思っていることが間違いであり、考え方なども変えていかなければいけないですし、日本のようにいつも守られている感覚なども手放していかなければいけないのに、日本の感覚をいまだにひきずっている方も多いのかなと観察してきました。

日本は自分の生まれ育った母国であり、家族親戚に囲まれて、何不自由なく使うことができる母国語を使う生活です。それと180度違う海外の世界、言語も違いますし、詳細なことを表現するのにもうまくニュアンスを伝えることができないですし、知り合いもほとんどいない世界では、真逆の価値観へと変えていくことが大切です。こんなときに、完璧主義にならずに、海外生活をチャレンジしていくことは、サバイバルであり、うまくいかないことはあたりまえであり、簡単にできてしまう方が奇跡的なのだという考えにしていくことが大切なのです。安易に簡単にできるのでは……という甘さこそが、いけないのだと思っています。

どんなことも大変であり、海外生活をしている人も（海外だとわりとワクワク素敵なイメージが強いですので、憧れがある方も多いですが）、実は多くの方が簡単に生活をしているわけではなくて、どんな人も切磋琢磨して努力を重ねて海外の滞在をしているということまで想像していただければと思います。

日本ではお客様は神様です……という考え方がありますので、サービスもきめこまかく、お客様の立場を優先してくれる商売も多いですが、海外では、お客といっても、自分でやるのが当たり前、そんなに痒いところに手が届くようなサービスはないのだと思った方がよいのです。日本から一歩外へ出たのなら、自分から動くことはあたりまえであり、孤独感やアウェイ感を感じてしまうことは、他人に何かを期待をしてしまう、依存してしまうという甘えから生じるものであるのかもしれません。

また西洋人からは、アジア人に簡単に声をかけては申し訳ないと思っている……ということも聞いたことがあります。日本人として、積極的に自ら声をかけて、コミュニティーの中に入っていかなければいけないのです。待ちの姿勢をしているならば、誰も声をかけてくれないのです。子供が海外の学校に通学する場合も同じことがいえます。子供も積極的に現地のコミュニティーの中に入りこんでいく勇気が必要です。

海外生活の苦悩の原点、ビザや滞在の問題

海外生活において、ご主人の海外駐在ならば、会社が滞在のためのビザを管理してくれると思いますが、それ以外は、自分でビザについては対処していかなければいけません。どの専門家にお願いをするかによっても運命が決まってしまうのです。インターネットの検索でも情報がいろいろと違いますので、多くの情報の中から何を信頼して、どのように自分がしっかりして進んでいくのかも問われてしまいます。ビザの滞在期限などもあり、その度に更新をしていかなければいけないという点も大変になります。

実際に我が家は、最初アメリカのシアトルに2か月観光ビザで滞在しましたが、アメリカは簡単に滞在ビザが取得できるというわけではないなとすぐにわかりました。

オーストラリアでは、ガーディアンビザという子供の学生ビザの期間に合わせた保護者ビザで滞在しましたが、ガーディアンビザを取得すると働くことができませんの

で、現地での就職への道も閉ざされてしまいました。その後ドイツでは、自営業（フリーランス）の就労ビザを取得しての滞在からはじめていきました。

このように国によっても制度が違いますし、また、ビザの制度も年々変化していきますので、早めに対応していくことも大事になります。滞在のビザに対して、慣れている方はいいのですが、そうでない場合は、ビザの問題にも苦労することになってしまいます。

いままで国を渡り歩いてきて思うことは、ビザ取得にあまりに神経質になってしまうと、大変だということです。滞在に関しては、規定を守ってさえいれば、あとはどうにかなる、何とでもなる！　という、心臓に毛が生えたような、ちょっと図太い感覚が必要です。

海外に滞在することの基本姿勢は、ビザ以外でも同じかもしれません。海外の学校にしても、やることさえやっていれば、あとは、どうにかなる！　どんとこい！　と思っているしかないですし、これくらいの度胸で乗り越えなければいけないところもあります。ですので、海外生活、海外の滞在もビザの問題も……いつでもサバイバル感覚が大事だと思っています。エベレスト山、荒れた海、雪山、無人島よりは安全なので大丈夫であると考えて前向きに進むことが大事になります。

第5楽章

海外生活の光と陰

海外生活はキラキラ……ではないかもしれない！

旅行雑誌などを見ると、日本のメディアの写真は非常に優秀で素敵な撮影をしますので、海外の風景や生活の画像はまるで夢のように思えてしまいます。現在ドイツのベルリンにいますが、日本の雑誌のベルリンの特集などを拝見すると、こんなに綺麗なんだ……と実際と比べて驚いてしまいます。晴天の日、太陽が燦々と降り注ぐ日に風景を撮影すると、特別な夢の世界のような写真になるものです。反対に日本の風景などを集めた写真本もドイツにありますが、そちらを眺めても、日本にはこんなに素敵なところがあったんだ……と改めて思うことも多いです。

このように、プロが撮った画像のイメージから海外のイメージを膨らませていきますので、海外生活はキラキラしているように思ってしまいます。また、海外旅行で1週間くらい過ごす場所は、安全でホテルの多い一等地や観光地が多いですので、よいところばかりを見て、観光を満喫して帰国することになります。

しかし、実際に海外生活をするようになると、住む家は、観光地である一等地ではなく、もう少し離れた住宅街になりますし、また趣が変わってきます。観光地のイメージのキラキラとはちがうかもしれません。また、テレビなどで芸能人の方、富裕層の方がお住まいの海外の素敵なお宅訪問などを見て、海外の家はいつもプール付きであると思ってしまう場合も多いかもしれません。庶民の方が住む家は、日本と同じように普通なことが多いです。ですので、実際に海外に渡航する前は、あこがれでテンションがものすごく高い方が多いですが、生活がはじまると、あまりのギャップのためにこんなはずではなかった……と思ってしまう方も多いのです。海外生活にものすごい夢をもってしまうために、現実の生活とのギャップにショックを受けている方もいると聞いています。

私たちはいかにイメージに翻弄されているかがわかります。日本の毎日の生活が大変で、子育てに翻弄されている方ほど、海外に脱出をして夢のような生活をしたい！と思ってしまうかもしれません。しかし、日本でも海外でも、住めば普通の生活になるだけです。国や都市での雰囲気やイメージが少し違うだけです。多くを期待すると裏切られてしまうかもしれません。普通が一番よいことである、夢のような世界を求めていることこそ、欲求不満で異常なことである、ということに気がつかなければいけないのです。

♪第5楽章
海外生活の光と陰

海外生活はサバイバルである！

海外生活は、家に屋根さえあって、雨がしのげればあとはなんとかなる！　……こんなサバイバル感覚が非常に大事です。家があって、家族が健康で元気であれば、海外生活も乗り越えていくことができます。あまり多くを望まないことも大切です。

海外で家を決める際にも、これは好まない、あれも好まない……という感じだと、もちろん家賃も高い物件しか選択できなくなりますし、高くてもいいのであればそれでいいですが、あれもこれもとわがままをいっていては、何も進まないことが多いのです。

私はオーストラリアでもドイツでも家を決める際には、ほとんど即決でした。悩まない！　選ばない！　自分の目の前に提示されたものを、これでいきます！　と進んできました。なぜ目の前に提示されたものを選んできたかというと、何かと比較できるほど、最初の時点で知っているわけではないですし、何かを検討するという時間こそがもったない、その労力を他に回したいと思っていたからです。

与えられたものが最善である、という決断をしていました。即決での決断が早いということで、その後の物事の進み方も早く、何でもスムーズにいくことが多かったですので、今から振り返っても、与えられたものを最善とするという考え方はよいと思っていて、今でもこの考え方を基本にして大事にしています。どんな時にも謙虚であることが大切であると思っていて、目の前に与えられたものを拒否するという傲慢さはやめようと思っていました。どんなことがあっても大丈夫というサバイバル精神と目の前に現れたものを選択していくということ……、これが海外で生活していくために必要だと思っています。

語学習得が難しい、子供が海外の学校についていけない！

海外で生活しているだけで語学ができるようになる……ということはありません。日常生活で現地の言葉を少しは使いますが、仕事で語学を使わない限り、または配偶者が外国人でいつも英語やドイツ語で話すという環境がない限り、自分で切磋琢磨していかないと語学が上達していかないという現実があります。

子供は学校に通学しているので、毎日語学のシャワーを浴びていることになりますが、お母さんなども同じように語学学校に通学して語学を鍛えていない限り、上達が見込めないという現実があります。

家では子供と日本語で話してしまうからという理由もあります。日本人の家族、親子が海外で暮らして、語学を上達させるためには努力が必要なのです。ドイツで実際にドイツ語の語学学校に1年間通学されたお母さんがいらっしゃいましたが、なかなかドイツ語が上達しない、ドイツ語でまだうまく喋ることができないということも聞きました。ドイツ語は文法も複雑ですので慣れるまでに時間がかかりますし、現地の方とうまくコミュニケーションをとることができるまでに上達するには時間がかかります。忍耐をしながら、ドイツ語を継続して学んでいくことが大事になります。

また、子供さんも海外の学校になじめない、お友達をつくることができないという問題もあります。こちらも精神的な部分が非常に大きいのですが、自分から積極的に中に入っていくことが大事で、趣味などを通じて友達をつくっていくことが大事になります。男の子でしたら、サッカーの話題ですぐに友達ができたり、ゲームの話題で友達ができたりしやすいです。女の子は友達づくりが男の子より大変になりますが、音楽やファッションなどの趣味を通じて友達づくりをしていくことが大事です。

実際にドイツの学校でドイツ語を学び、中高一貫校に進んだお子さんがいましたが、途中で学校に行けなくなってしまったという例もありました。あまりにも親が期待をしすぎると、子供の負担になってしまうのかもしれません。どんなことでもそうですが、あまりにもがんばりすぎない、中庸な思いも必要であり、それなりに、自分なりに進むことがベストであるという考え方が大事です。親が子供に期待をしすぎて、よい学校に進まなければいけないと強制をしてしまうと、子供さんもバーンアウト状態になってしまうこともあるのです。

海外生活の光と陰を飛び超えて……

どんなことにもよい部分と悪い部分があります。光と陰があります。それは、海外生活でなくてもどんなことでも同じです。しかし、海外生活はあまりにもキラキラした憧れが強いあまりに、光と陰が際立ってしまうことも多いのです。

私が提案したいことは、海外生活だからといって、憧れ、キラキラ、素晴らしいということではなくて、ただ、住んでいる場所が日本ではない、母国ではないというだけだという考え方です。

日本で生まれ育った私たちにとって、長年暮らしてきた母国を離れて、新しい土地で生活をすることは、勇気も必要ですし、光と陰の部分もすべて押さえておかなければいけないということです。悪い部分、困難なこと、うまくいかないことも多いという前提に立って、それを飛び超えていこうとするサバイバル精神が必要なのです。

うまくいかないこと、苦労することはあたりまえなのです。日本では便利な生活になれてしまっていますので、何でもうまくいくことがあたりまえで、スムーズにいくことになれてしまっているのかもしれません。近くのコンビニですぐにお金をおろすこともできますし、支払いも簡単にできます。しかし、海外では、銀行にいくにも遠くまでいかなければいけない場合も多いのです。支払いもオンラインでモバイルを使用するなど、テクノロジーに慣れていない方はすぐにはできないかもしれません。慣れていない場合は、海外の銀行のATM画面からの送金も、「どうやってするの？」という場面にでくわしてしまいます。

このようなことも慣れであり、わかってくれば問題がないのですが、何でもはじめての場合は、困難になってしまいます。こんな時に、焦るのか、あわてるのか、それとも、どうにかなると思うのか、時間がたてば解決すると思うのか……？　考え方、価値観、心に余裕があるのかどうか……というところが大事になってきます。

何でもうまくいくと思ってはいけない！　困難を乗り越えることを楽しみにしなければいけない！　例えば子供の時に、ジグゾーパズルで遊んだ経験があると思います。枠にはめることができないピースはあとにしておこう……と、できるところから埋めていきましたね。そして試行錯誤をしていくと、最後には、すべてのピースがうまくはまっていくのです。海外生活もこれと同じです。たくさんのピースがありますが、これを5年、10年と時間をかけて埋めていくのです。海外生活をこんな風に過ごしていきたい方、困難を乗り越えることを楽しい！　と思える方は、海外生活にチャレンジできる資質があると思っています。

第6楽章

女性の生き方　子育てと仕事

cantabile

女性は女性らしくしなければいけないのか？　女性らしいとは？

私は小さい頃、もう4歳ぐらいから、女の子は女の子らしくしなければいけないのか？　可愛くなければいけないのか？　といつも疑問に思っていました。

きっかけとしては、2歳下の妹が生まれたことだったと思います。私の妹は、子供時代から多くの人から可愛い、綺麗だ、といわれているような人気な女子でした。私はただただ普通でしたので、横でずっと見ていて、多くの方が可愛い女の子には反応をするのだと早くから気がついていましたし、女の子は可愛くなければいけないのか？　可愛いとは何ぞや？　とずっと思っていました。母親も自分の娘が可愛いといわれると有頂天になるくらいに嬉しいらしく、その様子もじっと見ていました。私は反対にしっかりとしたお姉ちゃんということでなんともつまらない評価であったと記憶しています。

親戚の人が家にくると、妹のことをみんなが可愛いと褒めている瞬間がばかばかしいと思っていたのです。もう小学生のころから、人を可愛い、綺麗などと外面的なことで評価するな！　との反発があったのだと思います。大人が外面で物事を判断していることに、あっ、そう……！　と達観していた小学生だったと思います。

第6楽章

女性の生き方　子育てと仕事

実は、このことは、日本の社会のあらゆる問題の根本であるのではないか、とよく思うことがあります。多くの方が外面的、表面的なことを大事にしてしまいますし、特に女の子、女子は綺麗で可愛くなければいけないという強制感、抑圧感があります。その可愛く、綺麗であること、というのが、日本の社会をいまだに支配しているかもしれない男性の好みや都合によって、規格化されて固定化されて決められているかもしれないとも思っています。

私は実際にバブル時代で、10代は芸能界のアイドル全盛時代でもありましたし、ぶりっ子という言葉も流行っていましたが、アイドルって何?? という感じで、男性に好まれるように女性は自分をつくっていかなければいけないの？　というような密かな疑問をいつももっていました。

また、母親はそんなにうるさい人ではありませんでしたが、女性はもっと腰を軽くして動かないと……などの古くさい発言もよくありましたので、日本での夫のために妻がかいがいしく動くことも、どうなんだろう？　といつも観察をしていました。大学生になり、サークルの飲み会では、女子学生が男子学生にビールを注いでいる光景を見て驚き、なるべくなら、やりたくないなと思っていました。欧州、欧米では、女性が男性にお酒を注ぐのは、商売の人だけのようなのですが……。

私が会社に入社した時は、バブル時代でしたので、会社でのお茶汲みもあった時代でした。何かがおかしいなと思っていました。コーヒーぐらい自分で入れるのが当たり前だと思っていました。家で奥様がコーヒーを入れてくれるのと同じように会社でもするの？　という疑問でした。というより、家庭でもコーヒーぐらい自分で入れて！と思いました（その時代は、嫌な上司のコーヒーに雑巾汁を入れる?!という笑い話もあった時代です……）。

だからといって、女性も男性と肩を並べて、平等の権利を主張しながら働くということも違うと思っていました。女性は女性らしい働き方があるし、同時に子育ても余裕をもってできる環境が必要だと思いましたが、現実問題、世界を見渡しても、そのような理想的な社会はいまだにないような気がします。

そんな思いをもちながら、結婚する時は、男性のいいなりにはならないぞ！　結婚式は女性のためのものと思うので、自分の意見を通すぞ！　結婚して男性の経済力に支配されて奴隷感覚を持つようなことはしないぞ！　しかし、子供のためには、子供といつも過ごすことが大事なので専業主婦が最初はいい……と思っていました。

亭主関白系はアウトですし、優柔不断な男性も困りますので、結婚前は、食事をしに行く時のレストランの選び方や支払いなどの様子をじっと見ていました。家庭をもった時に、どのようにお金を扱うのかの価値観がわかるからです。自分勝手度や利己主義度もわかり面白いものです。そんなことをいいながらも、私自身、可愛いものなども好きです。やはり女性だよな……と思いながら、何かをやり遂げるためには、女性でありながらも、男らしさ？　が必要だなとも思っています。海外に出て、海外で子供を育てていくためには、お母さんは男らしく考えて、行動をする必要もあるのです。

そういえば、我が家は息子ですので、息子が生まれてから、私はほとんどスカートを履いていないかもしれません。息子が小さいころは、息子をダッシュで追いかけなければいけないことが多かったので、スカートを履いている場合ではなかったのです。

女性らしいとはどういうことでしょうか。

子供はいつもお母さんを必要としています。女性らしいとは、男性の前で可愛く、綺麗にすることではなく、子育てのためにも、柔軟に臨機応変にどんなことでもできる、動くことができる、精神的にもタフであることではないのかと……思っています。

マルチタスクをできるのも女性の特徴です。脳の機能では、右脳と左脳の間が狭く、右脳と左脳の連携が女性はいいので、マルチタスクも可能であると聞いたこともあります。私の個人的な考えでは、男性の多くが好む女性は、美しく綺麗で可愛くもあり、家庭的な雰囲気を醸しだしつつ、さらに仕事もできるというのが理想のようで、そんな女性はあまりにも大変で病気になってしまいますよ……と思うのですが、女性が多くを求められすぎているのが現状なのかもしれません。

本当は、なりふりかまわずに、子供に対して全身全霊で愛情を注ぐことができるところこそが女性らしいのでは……と思っています。昔のお母さん……という感じでしょうか……。今のお母さんは愛情豊かというより、美しく綺麗で、合理的で賢くなりすぎているのかもしれません。それが、見栄えのよい教育熱心ママになっているのかもしれないな……と思うことも多いのです。

女性の結婚と妊活とは？

女性は出産ということを考えると結婚にもリミットがあると考えがちです。私もなんとなく、結婚は30歳でと自分で決めていました。年齢は関係ないといいながらも、気になってしまうものです。そして、35歳の高齢出産までには、子供1人を出産していないと……という焦りがありました。男性の結婚はそんなに年齢の縛りなどがなく、40代、50代で初婚でもよいと思いますが、女性は、出産のことを考えると30代になってしまうのです。

今から振り返ると、学校の入学試験よりも、いつまでに子供を出産しなければいけないという期限の方が、私にとっては、とてもプレッシャーでした。特に高齢出産には危険が伴う……などの文字を目にすることで、焦りなども増幅していきました。我が家の主人は、最初の2年間は新婚生活を楽しんだ方がいいよ……などと呑気なことをいっていましたので、旅行を楽しんでいるうちにあっという間に2年間が過ぎてしまい、さらに焦りました。妊活専門の病院には行く必要がないのかなとも思いましたが、念のために行ってみたのです。

そこでは、不妊治療をしている方も大勢いらっしゃる現実を見ることができました。実際に検査をしてみると、基礎体温のグラフがめちゃくちゃで、きちんと排卵がされていないことがわかりました。大きな病院で3クールだけの排卵の注射をしましたが（結論としては、私には不必要な注射でしたが……）、その後身体に合わないとすぐに直感でわかりましたので（このおかげで体調が悪くなる以上のどん底な感覚がありましたので……）、小さな病院に変更して、間違いと根本的な原因がすぐにわかりました。

それは、乳腺の方にホルモンが行ってしまうという排卵の誤作動だったのです。これは、ひとつの小さな薬を飲むだけで改善するものだったのです。このことがわかってからは、すぐに妊娠をすることができました。つまり、35歳には、妊娠をすることができたのです。私は実際には病院に通院している期間が大きな病院の3か月と、小さな病院に変更してからの3か月だけでしたが、多くの方が長い期間をかけて苦戦していることも垣間見ることができました。

このような経験からも、自分の直感を大切にして、自分に合わないと思ったらすぐに変更をする、方向性を変えること、舵を切り替えること……が大事だと思っています。権威に従い、忠実になるよりも、これは、違うのではないのかな……という独自の視点をもつことがどんなことより成功の秘訣であり、結果がだせることであると自分の経験から実際に思っています。このような経験は、現在の海外での生活でも同じようなところがたくさんあり、決断の時に役立っています。

私の結婚生活の最初は、とても幸せであり、何も不自由なく、主人とも毎日楽しく暮らしていて、海外旅行など何度も行きまして、世間の人から見ても、とても良い新婚生活のように見えたと思います。でも私の中では、35歳くらいまでに出産をしなければいけないという焦りや期限の縛りと、妊活での戦いと、主人に頼っていてもよいのだろうか……という女性の根本的な問いと、女性というのは、仕事なども中途半端になってしまうし、何か確定したものをもつことはできないのだろうな……ということを子供が生まれるまでは思っていました。

人は見かけでは幸せそうに見えても、実際の実情はわからないものであり、逆の場合が多いものだと自らの経験から思っています。しかし、子供を出産することで、そんなあやふやな空中を浮いたような考えは一気に吹っ飛んでしまいました。子供が誕生したその日から、子供に万が一のことがあってはいけないということで、もう真剣にならざるを得ない日々がはじまったのです。目の前に生きている赤ちゃんがいる、絶対に何が何でも守らなければいけないと……私にとっては、女性が確信をもってできることは、子供を育てることではないかと思うようになったのです。

出産は何があるかわからない

妊活でも少し奮闘しましたが、私の場合は、出産においても奮闘が続いたのです。出産予定日の2日前に何かおかしい気がすると思い、早めに病院に行きましたら、その日に緊急帝王切開になってしまったのです。心拍数が落ちている、臍帯が巻きついているということですぐに帝王切開となりました。夕食後の20時ごろに病院に行きましたので、少し様子を見て、22時には、緊急帝王切開をするという準備に入ったのです。

まずは、大変なのだから急ぐということで、何がよいのか悪いのかというより、早くということでしたので、なされるままに進んでいきました。朝方の出産になりましたが、何でもいいので、無事であればいい……これだけを考えていました。臍帯が首と腕にも巻きついていたと聞きました。そして、生まれた息子は、ペシペシ叩かれてからやっとオギャーと声を発しましたが、意外にも元気な赤ちゃんであるともいわれたのです。

この日から子供を守る日がはじまったような気がしました。最初は、母乳を飲ませることひとつも大変なのね……と思いましたし、帝王切開ですので、立ち上がって歩けるまで時間がかかり、すぐには母乳をあげることもできませんでした。帝王切開後の子宮の収縮も痛いですが、その後の子育ての方がよほど大変だと思いました。何が大変かというと、何に関しても、神経を尖らしていないと危ないという感覚がありましたので、いつも気をを張っているような感じでそのあたりが大変だなと思いました。

静かで充実した子育てのすすめ

最初の3か月は実家で過ごしたのですが、子育ての最初を両親の元で手伝ってもらいましたので、身体を休めることができたのかなと思う反面、自分ひとりで独自な方法で進める方がよかったのかなともあとで思いました。私の両親が自分なりに経験したことを押し付けてくることも感じましたので、それも先代の知恵としてよいところもあるのですが、実は間違っているということもあり、自分なりにやりたいな……と思ったことは何度もありました。

両親世代の嫌なところは、テレビを消して……といっているのに消さないし、テレビを見ないではいられないらしく、本当に困ったものだと思いましたし、1つ1つうるさいので、本当に嫌になるものです。多くの方がそのように思っているのではないかと予想します。特に母親などは、私の初孫……みたいなパワーや圧力をだしていましたので、本当に困りました。

3か月後に自分の家に戻りましたら、逆にとても楽になったのです。ひとりで子供と向き合って静かに子育てをするのは、なんと楽しいことかと思いました。よく世間では、日中にひとりで子育てをすると気が滅入る、ワンオペ育児などといわれていますが、私の性格だと、余計な人が関わらない方が気楽だなと思う方なのです。ひとりで子育てをすることは、孤独でも何でもなく、子供と静かに向き合い、静かで充実した子育てをすることだと思っています。

もしひとりで子育てをすることを孤独であると感じるならは、それは、何か娯楽を求めすぎているのではないでしょうか……。喜怒哀楽や感情の起伏が刺激的であり、それを常に求めているのではないでしょうか……。子育ては大変であると同時に、単調であり、静かであり、子供とのやさしい時間でありたいものです。毎日の生活は単調であるのが普通なので、何も変わらないことこそがよいことであり、ジェットコースターのような歓喜や刺激があることはまれなことなのです。

第6楽章
女性の生き方　子育てと仕事

子育ての大変さとは？

子育ての大変なところは、子供と一緒に遊ぶだけでなく、同時に家事もこなし、食事も作らなければいけない点です。お母さんの家事はきりがありません。働いているお母さんの家事と専業主婦のお母さんの家事の仕方も違ってきます。そんな中で、子供はお母さんと一緒に遊ぶことを好みますので、一緒にすごろく糸のゲームやレゴで何かをつくるなどと子供にいわれたら、逆に親の方がへとへとに疲れてしまう場合もありますね。

子供が幼稚園、保育園に入るまでは、子供と遊ぶこと、一緒にいることを中心とした生活にすることで、子育ても余裕がもてるようになると思うのです。ところがいろいろな誘惑が多いために子供と一緒に遊ぶことより、他へ関心がいってしまうのです。お母さんも子供のファッションにあわせて綺麗なお母さんでいなければいけない、子供をいろいろな遊園地、遊び場に連れて行き経験をさせなければいけない……と思ってしまうと、これまた大変な負担になってしまうのです。

遊園地や娯楽施設に子供と一緒に行った方が発散できるという方もいらっしゃると思いますが、私はいつも、まだ小さいうちは、近場だけでいいということで、家から歩いて5分、10分の範囲だけで子供を遊ばせていました。子供が小さいうちは、大人数が集まるところにでかけると、インフルエンザなどにも感染しやすくなり、親の負担もさらに増してしまうものです。

もっと「静かでシンプルな生活こそがよいのだ」という価値観を多くの方がもつようになれば、子育てももっと簡単になるのではと思っています。子供を育てている間に刺激的な娯楽の誘惑に目を向けてしまうと、毎日あたりまえな子育てがつまらないと感じるようになるかもしれませんが、娯楽に勤しむと子育てが煩雑になり、よけいに大変になっているという構図があるような気がしています。

子育てと女性の仕事について

女性は子供が生まれても、子供と一緒に会社に行って、会社の中に託児所があって、子育て中は14時ごろに仕事が終了するというシステムがあればいいな、とよく妄想していましたが、そんなことはまだまだありえない世界なのです。北欧の社会では少し似たような方向に向かっていると聞いたことがありますが……。仕事場と家が隣接していて、子供に負担がない世界……なども妄想の世界の話になってしまいそうです。

現実には、ワーキングウーマンのお母さんたちがものすごく大変であることを聞いています。とにかく時間がなくて、いかに時間をやりくりするかが大事なようです。私は、バブル時代で結婚したと同時にほとんど専業主婦のようになりましたので、ワーキングウーマンではありませんでしたが、ワーキングウーマンだったらどんな世界だったのだろうと想像します。ほとんど専業主婦でしたので、子育てではいつも子供といっしょに過ごすことができましたので、いままでの子供との生活には後悔はありません。

そんな中で海外に出るようになってから、自分で仕事を立ち上げなければいけないという状況になっていったのです。海外でもオンラインで家の中で、子供の様子を見ながら仕事を進めることができたことは、女性の仕事としては理想的であったと思っています。しかし、まだまだ安定的なものにするには時間がかかりますが……。どんな場所でもPCひとつで仕事ができることは、海外に住みながら、子育てをしながら仕事をする女性にとって理想の環境になります。自分の得意分野を探して、ブログを書いて、ブログを財産にしていく方法は文章を書くことが好きな方、いやにならない方にはとてもよい方法です。子供に好きなことを仕事にしていくことを見せていくことも大事になります。子供が学校から帰ってきた時にも、お母さんが家で仕事をしていることが子供にとっては精神的に大事なのです。

子供もがんばって学校で学んでいます。そして疲れて家に帰ってきた時にお母さんが家にいるのか、いないのかは、実は大事なことであるとも思っています。しかし、問題は、自宅で自分で仕事を立ち上げることは簡単ではないですし、安定させることも難しいという現実です。ですので、ある程度になってしまったり、日本からのご主人や家族からの援助が必要であるということもあるのです。私の場合は、海外に出て仕事を立ち上げながら、ドイツの滞在許可証を取得して、その後更新をしてきました。そして、本を出版することもドイツでの滞在のために有効的であると思いましたので、進めているのです。

現在考えていることとは、女性が働くとは、収入に関わらず、一生涯継続していくことが大事だということです。年金などにも頼らないで、80歳、90歳、100歳になってもPCの中で自分のオリジナルなビジネスができることは理想的であると思っています。私自身もまだまだですが、こちらの方向に進むことができるように進めていきます。それはチャレンジでもあり、サバイバルでもあり、この道がうまく進んでいくことができるのかは、未知の世界です。何も、誰も保証できるものではありませんが、自分の想いを実現させることができるという証明をひとつずつ実現していきたいと思っている、まだ道半ばであり途中なのです。

女性の長生きと直感と

イギリスの100歳のおばあさんが、「長生きの秘訣は男性から離れること」……と語る記事を読みました。衝撃的な発言だと思いませんか？　100歳もの長生きをしているおばあさんの発言なので、真実を表現していると思われますのでそのあたりからも衝撃的です。

反対に男性にとっては、夫婦仲よくしていることが、おじいさんにとっての長生きなのだろうと予想できます。『カールじいさんの空飛ぶ家』の映画は、おばあさんが先に亡くなってしまうお話です。これは、おじいさんのお世話に疲れたのだろうか……と勝手に疑ってしまいました。

私もできるならば、長生きをして100歳まで到達したいものだな……と思っていますが、秘訣が男性から離れる、ということなら、現在は親子留学をしていますので、主人から物理的に離れています！　絶好の機会ではないかと思わずひとりで笑ってしまいました。このままの家族のあり方でよいのではないかなと、なぜかおかしいですが思ってしまうのです。主人の方には精神的なサポートをしっかりとしていけばいいのかなと……。

　多くの方が家族・夫婦は一緒にいなければいけないという固定観念があるので、親子留学なども躊躇してしまう方が多いですが、イギリスの１００歳のおばあさんの長生きの秘訣を読むと、価値観がガラッと変わるような気がしています。こんなことからも、従来の固定観念や多くの方が正しいと思っていること、当たり前に思っていることなどは、もしかして違うかもしれない、反対に動いてみようという考え方も取り入れてみるとよいかもしれないというひとつの例かもしれません。あとは、ご主人へのサポートさえをしっかりと整えていけばよいということがわかります。

　日本は単身赴任も可能である雰囲気があります。こんなことから親子留学への導きができるとは思ってもみませんでしたが、親子留学は逆単身赴任ということで、このような家族形態も悪くないといえるのではないでしょうか……。根底に子供を守っていく、見守っていくという強い目的意志がありさえすれば、可能であると考えています。

また、子供にとっては、お父さんも大事ですが、お母さんの導きが非常に大事だと思っていて、女性の直感、直観というのを１００％駆使しながら、子供を女性主導で守っていくことが大事だと経験から感じています。本当は男性、お父さんも思いっきり関わってほしいと思うのですが、現実として、日本の社会、会社の現状では、子供を見守ることができるまでの時間や精神的な余裕がないといえるのかもしれません。本当は、お父さん、お母さん、そして、お祖父さんお祖母さんがみんなで子供の成長を見守らなければいけないのですが、家の構造、社会の仕組み、そこから生じてくる想いや感情などからも、理想とはほど遠いという現実があります。お父さんは、日本の会社につきっきりで、お祖父さんお祖母さんも自分の身体の体調を管理するだけで大変な状況になっている方が多いともいえるのです。そんな中で、もうこれしかない！ということで、お母さん主導で子供を守っていくこと、価値観を変換して行くことは大切なことであると思っているからこそ、私はこの道をすすめています。

女性に結婚は必要？　子供は必要？　仕事は必要？

女性として、結婚をして、子供も産んで、仕事もして……というのは、程度の差こそあれ、すべてをもっていることになりますが、実情は、すべてがうまくいっている方などは少ないものです。私の考えでは、女性であっても、結婚をしていなくてもいいし、子供がいなくてもいいし、仕事をもっていなくてもいい……その人それぞれの事情やチャンスや人生でよいと思っています。

私は海外に出てからより強くこのことを思うようになりました。ドイツ人は一生涯結婚をしないでパートナーとして過ごしていく方も多くいますし、結婚をしてもしなくても子供がいる方も多くいますし、仕事のスタイルもいろいろなものです。あれでなければいけない、これでなければいけないという規制こそが避けるべきことであり、人にはそれぞれの人生があり、自分なりの人生を自由につくっていけばいいだけであるという思いは、日本よりドイツの方が自由に感じることができるような気がしています。

日本ではもしかして、結婚をしていないこと、子供がいないこと、仕事をもっていないことを卑下してしまっている方も多いかもしれません。そのように思わせてしまう社会こそがいけないのであり、どんな状況であっても自由に自分らしく過ごしていけばよいのです。誰かと比べることでもないですし、競争などすることでもないですし、もちろん卑下したりすることでもないのです。

しかし私も実際に35歳までに子供を産まないといけない……という焦りをもったように、何かが不足していることに焦りや劣等感を感じてしまうという環境になってしまっています。反対に、結婚をして子供がたくさんいることは素晴らしいことなのに、今度は生活が煩雑化して子供も、仕事も……ということで毎日が戦争のようになってしまうのです。私たちは、ないものをほしがり、満たされるとそれがいらないと思ってしまったり、隣の芝生が青く見えたり、なんと欲深く、きりがないのでしょうか……。

私は年齢がかなり上ですので、多くの方を見てきましたし、親子留学を希望するお母さんたちも多く見てきましたが、結局、女性がどのように生きていくのか、何を選択するのかはそれぞれであり、どんなことが正しいのか、よいのか、悪いのかなども何もないものだと思っています。どちらが上とか下とかということでもなく、どんなに幸せそうに見える方でも、どんなに綺麗でお美しい方でも、どんなにお金がある方でも、どんな方でも同じように悩み、同じような心配や不安を抱えているものです。

ほとんど差はないと思っています。そんな中で、いかに心の中が調和を保ち、中庸であり、穏やかでいられるか……、このあたりの価値観で違ってくるのだと観察しています。

親の価値観は子供にも影響をしますので大事なことになります。女性は、いかに穏やかな心で毎日を過ごすことができるのか、怒りや苛立ちをもたずに過ごすことができるのか……このあたりが大事であり、どんな状況であっても、結婚をしていても、していなくても、子供がいても、いなくても、仕事をもっていても、いなくても、自分を大切に毎日を過ごすだけである……と思っているのです。もちろん、男性も同じですが、特に女性は自分を大切に心も身体も大切にすることが大事であると思っています。

第7楽章

comodo

家族のあり方

―― コモド 気楽に ――

家族関係はとても大事であると同時に、とても厄介なもの

私たちは、家族の温かさに包まれて誕生してきます。そして、家族の団欒を楽しむと同時に、家族関係に一生涯厄介なものとして悩まされていくのです。家族の温かさと厄介さと……私たちは、この最小単位の人間関係をのりこえていかなければいけないのです。もしかして、この最小単位の家族関係をうまくマネージメントできたのなら、会社の経営においても、いろいろなことをうまくやっていくことができるのかもしれません。そのぐらい、家族の関係とは身近であるがゆえに深く混乱してしまうものです。両親の最後の日から相続などで、家族関係でもめて、兄弟姉妹でもめている方も多くいらっしゃるのではないかなと思います。

最小単位の家族関係は、配偶者との関係、子供との関係、兄弟姉妹との関係、実家の両親との関係、義理の両親との関係になります。まずこの最小単位の家族関係を良好なものにするためにも、調和や中庸が大事になります。しかし、家族ということで、甘えが出てきてしまうので、とてもやっかいなのです。

高校時代に出合った『甘えの構造』（土井健郎著）を読んだ時は、とても興味深いと思いまして、今の時代でもこの本の内容は通用するところがあると思います。

第7楽章

家族のあり方

教育ママも子供に自分の夢を背負わせてしまうという甘え……があるのかもしれません。自分の子供である、という所有物にしてしまう甘えです。教育ママは子供の幸せを願い、子供の教育を一番に考えているのかもしれませんが、実は、自分の体裁や願いを勝手に、子供の意志に反して子供に託してしまっているかもしれないのです。私自身も自分がそうではないのか……と、いつも自問自答して、自省してきました。

ご主人も奥様に甘えがあるからこそ、飯、風呂、寝る……といえるのかもしれませんし……実家の両親や義理の両親も甘えがあるからこそ、盆と正月には実家に戻ってくるのがあたりまえ、孫の顔を見せにくるのはあたりまえということになってしまうのかもしれません。日本人特有の甘えでできている家族関係……。

もちろん、オーストラリアでもドイツでもイースターやお誕生日には、実家の両親や義理の両親に会いにいくのが習慣であると聞いていますので、そのあたりは日本人だけではないと思いますが、特に日本人は家族関係の甘えは他の国の方より強いのかな……とも思っています。儒教が強い他のアジアの国とは比べていないのではっきりとした比較をしているわけではありませんが……。

家族関係は、身近であるがゆえに、やってくれてあまりまえ、してくれてあたりまえ……と思ってしまうのです。そんなことで悩んでいる、人生をつまらないものにしてしまっている方も非常に多いのではないかと思っていて、家族問題は重要であると思っています。また、家族だから、肉親だからこそ、血が繋がっているからこそ、他人には憚りいえないことも、はっきりと、ズバズバといってしまうがゆえに、その後険悪なムードにもなりがちなのです。もう家族ってめんどうですね……。

現在の我が家の家族関係は、もうあっさりしすぎたものにしてしまっていますが、私が小さいころから小学生時代までは、親戚家族などが家によく遊びにきていました。母親が長女であったのが理由なのかもしれませんが、もうごちゃごちゃめんどうくさいったらありゃしないと思っていました。小学校高学年の時に、一度『早く帰れ！』といってしまったこともあり、怒られましたし、キツイ性格だとかいわれたりして、たまったものではありませんでした。

母親もよくいっていました。自分が長女だからと、兄弟姉妹が甘えてくるし、長女がしてあたりまえ、やってくれてあたりまえであると思っている、と小学生のころよく聞いたものです。昔は兄弟姉妹も多く大変だったと思います。

また、姉妹関係というのも実は大変なものです。私には2歳年下の妹がいるのですが、性格も反対で興味関心も反対となると、私が親切心でしたことも、おせっかいとなり、余計なお世話と判断されてしまうこともありました。それぞれの子供も同じ男の子で年齢も近いということで、また私が海外にいるということも追加されて、姉妹間でも犬猿の仲になる原因にもなってしまうのです。

また、多くの方が家族関係で悩んでいることは、年齢もアラフォーあたりになってくると、親の介護問題ではないでしょうか……。実際に親をお世話したいと本当に心から思っていても、今の社会構造、働く仕組みでは、親を介護することすらできない状況にあります。まずは、両親と離れて住んでいることからして、昔よくいわれていた「スープの冷めない距離」、10分くらいにある……以外は、親の介護も時間をかけて通わなくてはならないのです。男性は、親の介護のために仕事をやめて、仕事がその後なくなってしまう方もいます。義理のご両親の介護をしていらっしゃる方もいらっしゃいます。本当に頭が下がる思いです。

子供を真剣に育てている私たち世代の悩みは、親の介護をどうするか……だと思うのです。親が元気で自分で歩くことができる、他の兄弟姉妹が介護を請け負ってくれる、または、老老介護ができる……そんな方はラッキーです。それ以外は、自分がやらなくてはいけない状況になってくるのです。親の介護も、兄弟姉妹で押し付け合いになったりして、親をモノのように順番に兄弟姉妹で回して介護をしたり……など。

しかし、実際にその立場になってみると理想とは違い、大変なものなので、外野からは何もいえないものです。

もっと世の中がよくならないかな……。人間の最後の時間に携わる看護師、介護士と人間の最初の社会的な時間に携わる保育園、幼稚園の保育士、教諭、このあたりが世の中で最高賃金を得ることができることが理想です。これらの仕事は一番大事で一番大変な仕事でもあり、人間の尊厳にも関わってくるので、多くの方がこの仕事に従事するような仕組みにならないかな……と思います。そのためにも、一番尊敬される仕事が看護師、介護士、保育士、教諭であるという価値観からはじまり、この職業の人数が増えて、高賃金をもらえるような社会構図であったのなら、このような問題も解決ができると思うのですが……。世の中の仕組みを真っ逆さまにひっくり返す、これができればな……とよく思うのです。

夫との関係、結婚当時からの夫への教育も大切

私自身、中高時代は女子校でしたし、姉妹でしたので、何とも男性というのは、父

親くらいしか知らないな……程度で育ちましたので、さて、結婚相手を選ぼうと思った時、どんな基準がいいのかなども実はよくわからない感じでした。ただ、話しやすい、生活ペースがゆっくりな人の方が、長い目でみてイライラしないだろうな……自分に合うだろうな……くらいでした。外見などもある程度でそんなに関係ないと思いましたし、それよりも、仕事をしっかりと、一生涯していく人を伴侶にしないと経済的に危険だとは思っていました。

しかし、現在では、主人、息子、そして私の父親（毎日スカイプ）と、男性3人をいつも相手にしているという状況です。女子校でずっと育ち、女子の友人なども見てきて、妹、母親なども見てきて、男性陣と比べてみるならば、男性というのは、単純で簡単でかわいいものです……ともいってみたりできるかもしれません。女性の方が面倒でやっかいな感情をいつももち合わせているものですし、本当に理解し合うことに時間がかかるものかもしれません。

男性といっても、亭主関白系で我が強い方は別かもしれませんが、私の周りの男性陣は、私の経験から、育てていくことが大事……だと思っています。育てて、あたりまえの習慣にしていくと、そのまま育つような気がしているのです。

おもしろいエピソードがあります。子供が生まれたころのこと、夫がビールを2ダース（24本）で購入しようとした時、ビールを24本買うと、毎日飲むのが当たり前になってしまうので、ビールは1週間に1回と決めて、そのお金で子供の絵本を購入した方がいいんじゃない？　と提案しました。子供が生まれたら、そのようなことをするお父さんが賢いお父さんだね……といいましたら、その後、2ダースでドン！　と購入することはなくなりました。このようなことも習慣だと思うのです。ビールを1か月に1回まとめて購入してもよいのですが、子供が生まれたら、少しビールを控えて、1週間に1回にするという気持ちや心がけが大事なわけです。こんなことも夫への小さな教育だと思いませんか？

また、子供が小さいころから私はよく実家に帰っていましたので、（小さいうちに子供を両親に見せる目的で、そして後々後悔しないためにですが……）夫をひとり放置しておくことも多かったのです。そんな時でも、夫が自分で食事をつくることができたり、洗濯をすることができるように習慣づけをしていきました。独身時代のようにすればいいわけですが、これも慣れで、妻にやってもらうことに慣れてしまうと、ひとりでやることが億劫になってしまうわけです。食事も、ご飯を炊飯器で炊いて、簡単な味噌汁、その中に豚肉でも入れれば、豚汁になるでしょう……（なぜか、肉が入ると男性は喜びますので……）ということがわかって、つくることに慣れていくのも、習慣づけなのです。洗濯も、ワイシャツが1週間分あれば、週末に洗濯をして着まわしていくことができるということ、これも慣れであり、本当は簡単にひとりでできることとなのです。

女性にやってもらうことに慣れている男性は、このような小学生でもできるようなことも億劫になりがちです。妻が、女性が、いかに夫を教育して、習慣づけをさせていくかが大事なことがわかります。海外に親子留学をして、夫を日本に残しているとは、以前からの夫への習慣づけの教育のおかげで、スムーズにいっているのかもしれません。

実家との関係

女性は、実家との関係で悩んでおられる方も多いと思います。結婚をすると、実家とか義理の両親との関係も大変になってきます。私はそれまで知らなかったのですが、本家という方もいらして、親戚、縁者の方が本家の自分の家にこられるという方もいらっしゃるということを知り、びっくりしたこともあります。

私も結婚してから、実家との関係を意識するようになりました。結婚披露宴の時には、何々家と何々家と書いてあります。これを見て、やはり、日本はまだまだ家同士の結婚なのかな……と考えさせられました。

しかし、ウィキペディアで「戸籍」を調べてみると、こう書いてあります。

第二次世界大戦終結後の大日本帝国憲法の廃止と日本国憲法の制定に伴い、1947年（昭和22年）に改正された民法と戸籍法、および全ての法律で、廃止された家制度に基づく下記の概念・言葉・法的地位・法的行為も廃止され存在しない。
「嫁、婿、舅、姑、義父、義母、義祖父、義祖母、義兄、義弟、義姉、義妹、実家、婚家、本家、分家、家長、家戸籍、嫁ぐ、嫁になる、嫁入り、嫁にやる、嫁にだす、嫁をもらう、婿入り、婿になる、婿にやる、婿にだす、婚家の籍に入る」

もう戦後に実家という言葉も、嫁という言葉も存在しないと書かれているではありませんか……！

しかしいまだに、嫁問題、舅問題で悩まされている方も多いですし、固定観念というもの、枠というものにとらわれてしまっています。実際に実家の母親も頻繁に嫌味……というより、とてもオープンな人なので正直なままに発言していたのだと思うのですが、女の子だけでなくて、もうひとり男の子を産んでおけばよかった、苗字が途絶えてしまう……とブツブツよくいっておりました。それって、こちらにプレッシャーをかけているようで、本当に困るな……と思っていました。私立の学校に通学させて、大学まで私立でこんなに学費をかけてきているのに、結婚をすると女の子は苗字を変えてしまう、何のために教育したのか……とまでいっていたこともありました。

これね……娘にいわれても本当に困りますし、要するに、サザエさんのようなマスオさん的な人と結婚してね……という意味だと思うのですが、そんなにうまくはいかないものです。それでも公立の学校や国立大学だったら親孝行だったのかもしれない……とも悩んだものです。

親孝行って何だろう?

母親というのは、娘といろいろな話ができてよいものであると同時に、このように母親の率直な意見も聞かなければいけないということもあるのです。裏の××さんのお嬢さんは、お母さん思いで旦那さんとしょっちゅう遊びにきていて、家もすぐ近くらしくていいわね……こんなことも何度いわれたことか……。そういうこともよくあったので、子供がまだ小さいころはあえて実家に長く滞在するように努めていたところもありました。

私の母親は、勉強しなさい……などの強制的なことをいったりする人ではありませんでしたが、私が結婚をして実家を離れてからは、自分の身を守るような発言が多くなっていったのです。喪失感という感じでしょうか……子育てに集中していた時は満足していたけれど、それが失われていくことに危機感を感じていたのだと思います。やはり、子供を自分の所有物、宝物と思っていた部分もあるのかもしれないと思いました。よく何のために育てたのか……といっていました。何のために育てたのか……というのが、私なのですが、息子には、何のために育てたのか……とは絶対にいわないと思います。息子が幸せになるために導いているだけであり……自分の世話をしてほしいために育てているわけでもないので。

しかし、日本では、教育費もかかりますので、教育費が安かったら、こんなこともあんなこともできたのに……という後悔もあったのかもしれません。そんな意味で、現在滞在しているドイツは、教育費は幼稚園から大学まで、さらに大学院まで無料ですし、子供手当も現在、１か月２０４ユーロ支給されますので、日本もこのような教育環境になったのなら、本当にみんなが幸せになるのに……といつも思ってしまいます。

そして、ずっと親孝行って何だろうな……と思ってきました。このような言葉もあります。「子供は3歳までに親に恩をすべて返す」と……。本当に、子供というのは親孝行をあえてしなくても、まっすぐに育っていくだけで親へ恩を返していると思います。本当は子供として世間でいわれているような負担を感じる必要はないと今では考えます。しかし、私自身、後悔はしたくなかったので、多くの時間をあえて両親と過ごすようにしてきましたし、友達よりも、両親から学ぶこと、経験することも多いような気がしていましたので、本当に後悔しないくらい、海外に出る前は、本当に、本当に両親との生活を第一に過ごしてきたのです。これが親孝行になれば……と思っていたからだと思いますし、自分もいずれ後悔しないためだったからだと振り返ると思います。もしかしたら、親のことを大事に思っていると、いずれ海外生活ができるようになるかもしれないですよ……ともここでいってみたいとも思います。

現在、海外での生活に集中できるのは、いままでに後悔しないくらい両親と過ごしてきたからでもあり、それなりに親孝行した感覚もあるところが大きいです。もしそうでなかったのなら、日本に帰国して両親のそばについていてあげなくてはいけないという感覚になったことだろうと思います。人間の感覚とはそのようなものです。自分に満足感や達成感あれば、執着心や後悔を手放すことができるものです。

実家の両親のことを今考えるならば、それぞれに親と子の人生があり、それなりにしなければいけないことがあるので、できる範囲で思いやりをもって、その時にできる最上のことをすることが大切だと思います。無理をすることなく、押しつけることもなく、必要だと思うならば、自然に行動できるものです。思うことは、このような両親との関係がもっとよくなるためにも、社会構造が大事であり、高齢者が安心して将来を過ごすことができる仕組みこそが大事であると思います。そのような社会の仕組みがあったならば、親子の関係もギクシャクせずに、親は安心して老後を過ごすことができるのですが、なぜが、いつでもどちらかが犠牲になってしまうという仕組みになってしまっているのです。

義理の両親との関係

義理の両親との関係で悩んでおられる方も多いかと思います。聞いたところによると、現在では、義理の両親のところに夫と子供だけが遊びに行き、家族水いらずなどで過ごして（血縁関係だけで、他人は入らないで……）、その間妻は、ひとりで解放されて過ごす、または、自分の実家に行く、というパターンが好まれているようです。その逆の、妻と子供だけで、妻の実家にいくパターンは昔からよくあったと思います。どちらも気を遣わずに、親も喜ぶという賢い方式だと思います。

この方式のおもしろいところは、子供はどちらにも共通していて、夫グループと妻グループに分かれて行動するところです。気をつけなければいけないことは、子供がどちらにも属しているので、子供の負担を考えて、疲れないようにすることですね。家族いつもみんな一緒と考えると大変になるので、2つのグループをつくることは賢い選択だと思います。これは、海外親子留学中のお母さんチームと日本でのお父さんチームとも共通している考え方かもしれません。

私は結婚当初は、実家の両親も義理の両親も同じように平等に考えたいなと思っていましたが、実家の母親が近くに住んでほしいという雰囲気でしたので、それを主人に伝えたところ、それはできない！　とあっさりきっぱりといわれまして、私が長女なのに配慮してくれないんだな……と幻滅したこともあります。現実問題、仕事の通勤時間を考えると私の実家近くにも住んではいられないなと納得もしましたし、母親は影響力の大きい人なのでずっと近くというのも、それも私自身困るかな……という考えもありました。

そういうこともあって、義理の両親については、主人の弟家族と一緒に住んでいるので、私が関与することでもないと思い、主人には、自分の両親は自分で対処してね……と最初から放置することにしていました。

主人も私の両親についてそんなつもりではなかったとは思いますが、このような何げない一言で、ああ、そちらがそう思っているなら、こちらも同じようにこうするわ……ということにもなってしまうものですね。私はこのように家族や親戚の中で優先順位というのをつけるというバカバカしい考えはしたくないのですが、現実はそうなってしまうものです。

義理のご両親もとてもよい方なのですが、やはり弟家族と一緒に住んでいるということで、義理の弟の奥さんを大切にしていますし、その子供さんを大切にしていますので、我が家がたまに遊びにいっても、弟の奥さんや子供さんを優先しているような雰囲気が見えるところもいやなものです。これは、些細なことですが、微妙な感情としてわかるものです。このようなことがわかると、遊びに行くのも遠ざかってしまうものです。こちらからたまにしか義理の両親の家に寄らないという方が先だからかもしれませんが……。多くの方が同じようにこんなことも悩んだり、感じたりしている

第7楽章
家族のあり方

と思います。

こんなことは、世の中で、女性などに流行っているマウンティング……にも繋がるのかな……とも思っています。どちらが上、どちらが先……という競争のようなもの……。どちらの味方、グループに属するかというようなもの……。その中で、やり手な方は、自分が損をしない有利な方に動くことを考えますが、もう私はこのような考え方、価値観こそ避けたいと思ってしまいます。

家族関係の損得といえば、親からの相続とか、そんなことでしょうか……。もう私はそんなものはいらないと思っていますが、多くの方が争いになっているとも聞いたことがあります。

自分のグループに属している、血縁関係である……など、人数が多くなってくると優劣や順位ができてくるものです。もうこうなると面倒になってきますので、家族関係などは、バラバラでよくて、まとまらない、別に集まらない、関係しないことがあっさりすっきりとしてよいのだ……という最終結論になってしまうのです。

ということで、我が家は、親戚、家族などが何をしているのかわからないくらい、家族関係を手放しています。もし、よく言われるネイティブインディアンたちのように心がある集団だったのなら、人間ができていて、人格者が多い集団であったのなら……私は家族関係、親戚関係すべてを大事にしたいと思ったはず。しかしながら……それが残念ながらできなかったのかもしれません。

物理的に遠い家族関係をどうすればよいのか？

家族の関係についてつらつらと書いてきましたが、結局、家族の仲がいい、調和がとれているというのは、物理的に距離があるかどうかは関係ないのではないかというのが、私の経験からいえることです。私の父親も海外生活が長かったので、住居が離れていることには国際電話しか連絡手段がない時代から慣れていましたし、今は、スカイプやインターネットなどですぐに連絡ができる時代ですので、そんなに困ったことはないものです。

日本の家族関係でいつも一緒が当たり前だと、これが習慣になっていて、家族が離れることに慣れていない場合は、海外に行くことがものすごく遠い、未知の世界だと感じてしまうこともあると思います。親子留学などをしている方の中には、成田空港、関空、中部国際空港までが大変であって、そこから飛行機に乗ってしまえば、何とラ

第7楽章

家族のあり方

クな世界になった……といわれていた方もたくさんいらっしゃいました。『もう大変なのは……成田までよ！』こんな言葉を直に聞きましたので、本当におもしろかったです。『もう、日本はなにもかも面倒くさくて、こちらにきたら、なんとスッキリして……』という発言も直に聞きました。一時帰国していた6歳の子供さんは、『日本はめっちゃいそがしすぎる。ベルリンに帰ってきたら落ち着いた……』といわれたそうなのです。6歳の子供さんも日本とドイツをたびたび往復しているくらいです。家族が離れていることが問題なのではなくて、海外に親子で行きたいのか、チャレンジしたいのか、したくないのか……という問題になります。

離れていると万が一の場合、すぐに飛んで行けないとおっしゃる方もいました。すぐに飛んで行くといっても、日本でもすぐには行けない場合もありますが、すぐに連絡が取れるスカイプなどがあれば、そのあたりも特に問題はありません。海外から日本に飛行機ですぐに帰国すれば、1日あれば着いています。そのあたりも関係なくて、行きたくないと思っている場合は、いろいろと難癖をつけるだけなような気がしています。

私はもう10年くらいの海外生活で家族が離れている状況になっていますが、家族の居場所は地球規模で考える……別に他の惑星に行ったわけではないので、地球なら、そして、普通の国、都市で安全なところならば、どこに住んでも同じであり、連絡も常時とることができるし、と考えています。

家族の住処は、地球規模で考える……これは私の最もいいたいことかもしれません。それは、狭い枠をはずしていく、狭い、窮屈な枠組みからあえて飛びだしてみること。地域をこえて、県をこえて、日本をこえて……どこに住んでも同じであると思うようになると、本当に自由であるという気持ちになります。言語の違いや文化の違い、国ごとのビザなどで海外に行くことは敷居が高いと思わされてしまっていますが、本当はそうでもなくて、ビザなども一応の目安であるので、よりよく対処すればよい……という感覚になればしめたものです。

子供との関係、夫婦関係、両親との関係、義理の両親との関係、親戚との関係……私たちは日常生活で多くの細かい些細なことに囚われてしまっています。この些細なことにとらわれてしまっているのは、自分のエゴを押し通そうとしているからだともいえるのかもしれません。自分の思いが通らない、相手が理解してくれない、思うようにいかない……と、いつも怒りや後悔をもっているのです。怒りや後悔は囚われが原因です。そんなものは、さっさと手放してしまえばいいのに、多くの方がいつまでも後悔したり、怒りをもち続けたり……いつか見返したい、復讐をしたいとまで思っている方も……。怒りや後悔を手放せない方こそ、海外に一歩飛びだしてみることをおすすめします。いかにいままで、小さな些細なこと、あの人がこういった、ああいった……と悩み引きずっているのか……。すべてを手放すこと、これこそが、大事なことであり、些細なこと、小さなことを手放して、怒りや後悔さえも手放すこと。家族関係の枠も、家族関係を手放すことで解決できるかもしれません。家族という枠さえもないかもしれませんね。愛情で繋がった人たち……というだけでしょうか……。これをしなければいけない、あれをしなければいけないというものは何もないと考えています。

家族の調和のために何が必要なのか？

家族の調和のためには、何が大事なのか？　家族という枠さえも手放すことだと思っています。欧米の方たちは、よく難民の子供を養子にしている方も見かけますが、あのような感覚でしょうか。家族という枠組みさえも手放してしまう感覚が大切だと思っています。自分の家族・血縁関係さえよければいいい、無事であればいいと思うからこそ、一緒に一つ屋根の下に住まなければいけない、いつも連絡を取らなければいけない、となってしまうのです。そして、その中で強制をしたり、甘えが出てきたりして問題になるのです。

大切なのは「家族」ではなくて、それぞれの個人です。個人個人が優しくて思いやりがあり特別な愛情のある繋がりをもっているのが家族である……という考え方をするならば、枠組みの中での強制感や甘えはなくなると思います。家族という枠以前に個人があるのです。

家族という甘えの中で、ときどき、個人の自由をなくしてしまうことも多いですね。家族とは、枠組みではなくて、ただ愛情を身近で表現しながら、集まっているだけなのです。そのように考えた時、子育てでも、親が子供を所有物のように思ったり、子供に強制をしたりすることもなくなりますし、夫が妻を家政婦のように扱うこともなくなりますし、姑が嫁をいびることなどもなくなるのではないでしょうか。

会社経営でも人材が大事であるといわれているのと同じです。どんなに経営で儲かっていても、個人個人がブラックな働き方を強制されているならば、いずれ潰れてしまうのです。集団という枠組みの前に、個人が大切なのです。

第7楽章

家族のあり方

ひとつ屋根の下に住んでいたとしても、心が通じ合っていない、まるで別居のようであるという方もたくさんいらっしゃると聞いています。こんなことから考えてみると、海外生活のお母さんと子供、日本で働くお父さん、という家族関係があっても悪いことではありませんし、逆単身赴任のような感じでおもしろいものです。子供を海外で生活させる、海外の学校に通学させるという目的で、逆単身赴任も素晴らしいアイデアであると考えています。物理的な家族の形というより、大事なことは、物理的な次元をこえて、家族が調和していること、お互いに思いやりがあることですね。人生は思いやりを学ぶことであり、これこそが愛情であると思っています。愛情は強制感や縛りの中では本物にならないのです。

現在は素晴らしいテクノロジーがある時代です。スカイプでも、ラインでも、いつでもどこでも家族はつながっていることができるのです。親の世代には、スカイプなどの使い方を事前に教えておくことで、海外に出ても安心になります。親には、自宅にいるときは、いつでもスカイプができるようにオンラインにしておくことを教えておけば、スカイプがオンラインかどうかで自宅にいるか、いないのかもわかるのです。

個人個人が相手への思いやりをもって、そして、テクノロジーを駆使していけば、家族が物理的に離れていても、そんなに問題とはならない時代になっています。

comodo

第8楽章

痛快に自由に生きる　価値観を変える

grandioso

グランディオーソ 堂々と

混んだバスには乗らない、みんなと違う考え方をする

私たちは、世の中で流行っているもの、人気があるものを追いかけてしまいがちです。何か素敵なものではないか、と心まで奪われてしまいます。やっぱりみんなが知っていることを知っていたいし、流行に遅れたくない、むしろ、流行を先取りして気分がよくなることまでしてみたい……とまで考えてしまうものです。流行っていることは、ほとんどの方が同じように考えますので、その場所はとても混んでいます。みんなが集まっているところに行ったとしても、混雑しているだけ、そして競争率が激しいだけです。どんなに個性があったとしても、相手にもされないかもしれません。まるで混んだバスや電車に乗っているようなものです。とても窮屈であり、自由に動こうとしてもどうにもできないのです。

行列に並んでまで、そして何時間も待ってまで、人気のものを獲得しようとしてしまう場合もありがちです。私はなんとなく昔から混雑しているところ、あまりにも人気があるところなどを避けてしまう傾向がありました。毎日のスーパーでの買い物も夕方は非常に混雑していますので、私はどちらかというと、午前中の一番早い時間帯に買い物をしてしまいたくなる方です。ちょっと人と違う考え方をするだけで、とて

も空いていて、スムーズに物事が運ぶことも多いものです。

私の両親家族はとても変わっていて、元日の初日の出を見に行くのは、車が渋滞してとても大変ですので、毎年、31日の日の出を見て、温泉に入り、31日に家に戻ってくるということをしていた家族でした。こんなことをする家族はめったにいませんので、宿泊も、高速道路もとても空いているのです。みんなと違う考え方をするということが、どんなに時間も空間も余裕を生み出すのか……ということがわかっていただけたかと思います。価値観を変えていく第一歩として、みんなと違う考え方をすることをお勧めしたいと思います。

安定を求めない。レールから外れることは意味がある！

多くの方は安定を求めてしまいます。長いものに巻かれろ、寄らば大樹の陰、に安心してしまいがちです。しかし一方で、多くの方が、安心をしていることに疑問をもってもいるのです。これでいいのだろうか？　もっと自由に自分の想いを実現できないものだろうか？　みんなと同じようにレールに乗るだけの人生でいいのだろうか？と思いはじめてくるのです。

レールから外れて、自分の思い通りに進む方はわずかであり、少数派でもあります。不安と心配をもちながら生活をしていることも多く、それは仕方がないとあきらめている方が多いのです。

しかし、本当に自分が思っていること、正しいと感じていることをするならば、少数派になったり、レールから外れたことをする必要もあるかもしれません。多くの方と違うことを選択すること、少しレールから外れたことをすることは、勇気が必要です。大事なことは、自分が正しいと思ったことをすることです。

２０１９年11月に亡くなられた故中村哲氏は、医師ではありましたが、アフガニスタンの状況を放置するわけにはいかないということで、砂漠である土地を緑化することに生涯をかけて尽力してきました。自分がしなければいけない、正しいと思ったことをしてきたのです。多くのお医者さんは、自分は医師であるので、砂漠の緑化運動は自分とは関係ないと思ったことでしょう。しかし、緑化することで、環境がよくなり、病気の治療にも影響してくるのです。医師として砂漠の環境を放っておけなかったという心ある考え方は、少数派であったと思いますが、自分の想いに従って行動されてきたのです。安定ではなかったかもしれない、レールからはずれているかもしれませんが、人生で意味があることをしたいと考えさせられるよい例だと思います。

人生はチャレンジである、サバイバルであることを楽しむ

生きていくこと……学校を卒業して、会社で働いて、家を購入して……と常に安定を願い、自分を守ることばかりに気がいってしまいがちです。それも悪いことではないのですが、どうせなら、もっとチャレンジ精神で行動していきたいと思いませんか？　チャレンジといっても、エベレストに登るとか、太平洋をヨットで航海するのは、普通の人にはできないことです。もっと身近なことで、チャレンジをしていきたいものです。海外生活にチャレンジをしてみることは、とてもよい例のひとつでもあります。

多くの方が、子供時代にキャンプをして、テントを張って、自炊をして、サバイバルな生活をしてみたことが1日や2日はあるかと思います。モノがないならば、何かで代用する等のサバイバル体験は、とても面白いと思いませんか？　キャンプ場に冷蔵庫がないならば、川の水でスイカを冷やす、木の枝を集めて火をつける、という経験もあるかと思います。このようにモノが不足をしていたとしても、何かで代用する、自分に何かが足りなかったとしても、発想の転換をしてアイデアで切り抜けていくというサバイバル精神は、海外生活を乗り越えていくためにも非常に大切なことであり、私のいままでの長い親子留学の経験から一番大切なことであると考えています。

海外生活をしていくことは大変なことも多いですが、大変だからゆえに、やりがいがあるともいうことができます。試行錯誤をしてくという楽しみもあります。大変なことが楽しいと思えるかどうかが大事なのですが、第4章で述べたジグゾーパズルを思い出してみてください。簡単なパズルは、すぐに答えが出てしまい飽きてしまいますね。しかし、ピースが多いジグゾーパズルは簡単にはできません。あれこれと悩みながら、苦戦しながら、ゴールにたどり着いた時の喜びはひとしおです。

海外生活は、ビザを取得するまで大変であったりすることも多いです。しかし、ジグゾーパズルで最後までたどり着いた時のようにビザを取得すると達成感があるのです。あれやこれやと悩みながら、壁にぶつかりながら、進んでいきながら、海外生活を更新させていきます。これこそがサバイバルです。

“

なぜ試みがいつも成功しなければならないと言うのでしょう? 成功は高慢さを助長し、それゆえ霊的な成長を止めてしまいます。その反対に、失敗は自己の限界に目を開かせ、自己を明け渡す心がまえをもたらすということにおいて有益なのです。

（ラマナ・マハルシ）

”

自由に生きることは、エゴイズムではない

自由に生きることとは、自分勝手である、エゴイストであると思われがちです。しかし、本当は周りの空気を読んで、他人からの評価を気にしていることの方がエゴイズムではないでしょうか……。人と比べて自分がどのくらいの位置にいるかをいつも気にしている方が、常に自分、自分と、自分のことを意識しているのです。自由に生きることは、自分の本心のままに、自分が想うことに従って生きていくことなので、むしろ純粋であるような気がします。私たちはもっと世間や周りを気にしないで自分の本心のまま自由に毎日過ごしてもよいのではと思います。

日本では多くの方が周りを気にしてしまう傾向があります。空気を読まなくてはいけない雰囲気もあります。しかし、他人の目を気にしていたり、他人の評価に怯えていると、自分の本当の想いが消えていってしまいます。日本でももっと自由に気楽に自分の本当の意見や想いをだしていってもよいのではないでしょうか……。自由に生きることはエゴイズムではなく、自分の本心のままに生きることなのです。

枠をつくらない　自分を限定しない

海外に出てみること。それは自由に生きることのひとつかもしれません。自由に生きることは、枠をつくらないこと、そして、自分を限定しないことになります。

いままで観察してきて、自分はこんなことはできないのではないか……と思っている方が非常に多いと感じました。「自分にはできない」という固定観念や枠を勝手につくってしまい、狭い中で動けなくなっている方も多いような気がしていました。自分にはどんなことでもできるし、チャンスがある……と、想いを変えた瞬間にいろいろなことを見通すことができてきます。そして、こんなこともできる、あんなこともできる、チャンスがあると考えることができるようになるのです。

もしかして、これは量子力学の世界であるのかもしれません。できるのか、できないのかは、やってみないとわからないのです。最初からできないと決めつけていては、チャンスがなくなってしまうのです。実際に私が長い人生の中で経験してきたことは、チャレンジしてみれば、多くの場合、何かしらうまくいくもの、代替案も出てきて、多くのチャンスが生まれることの方が多かったのです。

私たちは、自分でできないと決めつけて、チャンスを失っていることが非常に多いのです。「できない」と否定的になっていると、小さなチャンスさえ逃げてしまいます。こんなこともできるな……あんなこともできるな……といつも楽しくしていること、まるで小学校に入学前の幼稚園生、保育園生のような気持ちで、まだ、文字や数字を覚える前の自由な気持ちでいることが大事なのです。私は、いつもお歌をうたってい る4歳児、5歳児あたりの年齢の子供が大好きです。なぜなら、自由だからです。自分ができないとは決して思っていないからです。

誰かに従うことはしない　自分の本心のままに生きる

自由に生きるために大切なことは、不安や心配のせいで誰かに従ってしまうこと、自分の本心に反して、大きなものに従ってしまうことを避けることです。自分の本心のままであったのならいいのですが、自分は違う意見をもっていて、違うと思うな……と感じながら、意見の違う人に従ってはいけないのです。もし自分が違うと思ったら、自分の本心を大切にしなければいけないのです。これが自由に生きることだと思います。

しかしながら、多くの方は、権力のある人、有名な人などに従ってしまいがちです。

つまりは、自分にウソをついてしまっている方が非常に多いともいえるのかもしれません。

例えば、自分が静かな性格なのに大きな会社の戦場のような部署で毎日競争心むき出しで働いていたとしたら、自分の性格を偽ったところで働いているのですからいずれは病気になってしまうことも多いと思います。自分の本心を大事にして、自分に合うところで働かなければいけないのです。

大きな会社だから、有名なところだからといって、自分の性格や本心を隠して無理をしていると身体にも影響が出てくるのです。有名であるかどうかより、自分の心や自分の特徴を大事にすることが大切なのに、何となく世の中の風潮から、大きなもの、有名なものを選択した方がいいという傾向に流れてしまいがちです。大事なことは、自分も本心のままに進むことです。

不安や心配を乗り越えて、どんな世界でも突き抜けていく

不安や心配があったとしても、どんな世界でも突き抜けていく……という自信をもちたいと思いませんか？　そんな自信やチャレンジ精神は、もしかして海外に一歩飛

び出すことで身についていくのかもしれません。子供にもどんな世界でもやっていけるという自信をもってもらいたいと思いませんか？

もちろん、簡単ではないと思いますが、どんな世界にいっても大丈夫だという経験が必要なのです。エベレストに登ったり、太平洋を航海するという登山家や冒険家のようになれといっているのではないので、海外に一歩飛び出すことはできると思います。1年だけでも海外で生活をしてみると、ものの見方が親子ともにずいぶんと違ってくるでしょう。

日本以外の海外がこわい、英語など外国語を話すことがこわい、外国人と接することがこわいと思っている方も多いかと思います。しかしこれも慣れであり、慣れてしまうとたいしたことはないのです。

パスポートをもって、航空券を購入して海外に出発をしてみるだけでよいのです。どんな世界に行っても大丈夫という確信がもてたのなら、次にはどんなことをしても親子ともに自信になると思います。

海外に行きたいと本心から思っているのなら実行をするべきなのです。自分に枠をつくらないで、限定をしないで、誰かに従うこともしないで、本心のままにどんな世界でも突き抜けていけばよいのです。これこそが自由に生きることだと思っています。海外に出てみることは、自由になることの練習でもあるかもしれません。

失敗も今後の成功のための大切な経験

海外に出てみて、失敗をすることももちろんあります。しかし、失敗をしたな……と思ったとしても、必ず代替案があるものです。我が家もオーストラリアへ親子留学をして3年ほど経過して、これ以上ここにいても、学費が高いだけで永住権も取得できないだろうし、失敗だったかな……と思いましたが、ある日突然、ドイツに行けばチャンスがあるという代替案に気がついたのです。日本にいると狭い世界でウジウジしてしまうことが多いですが、海外に出て、いろいろな考え方に触れて、見て、聞いて、体験していくうちに、どんなことでも方法がある、チャンスがある、つながっていくということを身を以て感じました。あきらめてはいけないし、何かつながるのだ……という確信をもつことができました。

これは、現在ドイツのベルリンでの生活でも同じ体験がいくつもあります。
ベルリンでは家探しというのがとても大変で、そして、外国人が家を賃貸するのはとても大変なことなのです。しかし、我が家は、外国人としてドイツ人が好まないような物件を探して、家賃は高くても競争率が少ないところで決定しました。これで安心だと思っていたら、なんと、こちらの物件はオーナーが住みたいということで、先方事情だったので家賃がもっと安いところを不動産屋から直接紹介してもらえることになったのです。なんとラッキーなことでしょう。このような物件は不動産屋から直接紹介されないと、自力では探すことができないからです。このように、まじめに進んでいくと、幸運なことが舞い降りてくるという事例のひとつです。

失敗ということも考えようで、そのあとによいことが起こるものなのです。ですので、最終的には失敗というものはないと思っていて、途中経過では山あり谷ありというだけなのです。そして、失敗という経験が多ければ多いほど、直感というものが働いて、最終的にはよい結果を生み出すものなのです。

苦境や逆境は楽観的になることで好転できる

大変なこと、なかなかうまくいかないこと、日本でもよくありますが、海外に出るともっともっとたくさんあります。語学の壁、文化や習慣の壁があり、スムーズには

grandioso

いかないことで大変になることも多いです。しかし、私の今までの経験から思うことは、いつでもどんな時でも常に楽観的でいることが大切です。すると、時間が解決してくれるか、または、どうにかなっていくもの……ということが多い気がしています。

楽観的に毎日を過ごすことがいかに大切であるかを親子留学の10年間くらいで学んできました。我が家の息子にもいつも伝えています。楽観的にしていれば、どんな難しい問題でも解決していくと……。

多くの方が不安や心配を抱えて悩んでいることが多いですが、それは、その方がそのように思ってしまっているだけで、実はどんなことでもたいしたことではなくて、どんなことでもよき方向へ向かっていっている……というのが、私がいつも感じていることです。ですので、ま、いっか……と手放していると、時間が解決していくものなのです。誠実に真摯に進んでいくことが大事ですが、あまりにも真面目になりすぎないことも大事かもしれません。

真面目すぎるというのは、誰かに盲目に従ったりすることかもしれません。楽観的になることは、自由な気持ちでいることでもあります。日本の雰囲気が大人の世界でも子供の世界でも、もっともっと楽観的で、自由な雰囲気になればいいなといつも感じています。

もっと謙虚に、すべてはよいタイミングで与えられる

私はこんなにがんばっているのに、結果が出ない、効果が出ないと嘆いている方も多いのではないでしょうか。しかし、自分にとって必要なことはベストなタイミングで与えられているのだ……ということを、私は長い人生でひしひしと感じています。日本の現状として、能力主義、結果主義のような雰囲気がありますので、自分で掴み取るんだ、もっと積極的にと、急き立てられるようなところがありますが、そんなに焦らなくても、その人に必要なことは、ちゃんと与えられている、困らないようになっていると感じています。

しかし、困難に出合ったりする場合というのは、それも大事でありますよ……というお知らせであると思っています。ですので、困難に出合ったり、うまくいかない場合でも、文句や怒りをもたないで、受け入れることで、次には、よいことがやってくる……というのが、私が多くの方を観察してきて思うことです。私たちは、もっと与えられていることを謙虚になって受け取らなければいけないですし、苦境にあっても、怒ったり、騒いだりしないことが大切であると思っています。

海外で痛快に自由に生きる

価値観を変えたい、自分の本心や内側をゆっくり観察してみたい！　と思っていたとしても、日本の環境だとまだまだ多くの方が従来型の考えをしているので、なかなか壁が厚くて……と思う方もいるかもしれません。そんな時は、海外に一歩飛び出してみるとよいのです。

自由に生きることを海外で実践してみたいと思いませんか？　親子で海外へ、というチャレンジは今の時代に必要かもしれません。海外に行くというと、語学が、英語が……と気になる方が多いかと思いますが、語学や英語を飛び超えて、自由になるために海外に行くことが大事なのではないかと、私のいままでの10年間の親子留学の経験から思っています。

親子共々、海外で日本と海外の違いを経験して考えてみてもよいですし、海外生活に活路を見出してもよいのです。それは、個人の思うままであり、自由に選択ができるのです。

海外生活はそんなに簡単ではないですよとストップをかける方、否定的な方もたくさんいらっしゃいます。その方が苦労をした経験からそのようにアドバイスをしているのだと思います。しかし、人それぞれ違いますので、苦労した方がどのようにアドバイスをしたとしても、海外でチャレンジしてみたいと思う方は、自分の本心に正直になって、チャレンジを試みた方がよいのです。もし失敗をしたとしても、それはよい経験であり、次のステップへとつながっていくのです。先人や経験者のアドバイスも、ある程度の参考までがよいと思います。大事なのはやはり、自分が本心から、内側から想うことに従うことが大事で、もっと、自由に考えて、行動して、もっと痛快な気持ちで、おおらかな気持ちで、チャレンジした方がよいのです。

お母さんが子供にあの滑り台は危ないからやめた方がいいよ……といったとしても、子供は自分なりに大丈夫だと思ってチャレンジするのと同じことです。先人や経験者のアドバイスはあてにならないことも多いのです。結局、何が大切なのかというと、自分の「想い」です。アドバイスに、人のいうことにしたがっていてはいけないのです。

愉快に生涯を生きぬくことが全生である。ジメジメして息していては全生はできない。健康に生きる為に、愉快ほど大切なものはない。僅かな利害や面子の為、その大切な愉快を失って生きている人は不幸せである。

（野口晴哉の言葉より）

21世紀型の新しい家族のモデルとは？

親子で海外生活にチャレンジするためには、21世紀型の新しい家族のモデルを試みなければいけません。一つ屋根の下で家族が集まって……という従来型の家族の形を変える、つまり価値観を変える必要があるのです。

嬉しいことに、現在では、スカイプやZoomなどのテクノロジーのおかげで、日本と海外で離れていたとしても、いつでも画像を見て、家族とお話しをすることができます。海外のお母さんと子供と、ご主人とご実家と義理のご両親と4地点でスカイプやZoomをつなげることもできるのです。

大事なことは、どんなことでも、考え方次第であり、チャンスでもあり、どんな可能性でもあるということです。そのためには、考え方を柔軟にして、固執をしないことが大切です。今、日本の多くの方が『生きづらい……』と思っている理由は、枠の中に入ってしまい、固執をしてしまい、自由に、柔軟に、鷹揚に考えることができなくなっているからです。

私たちは、もっと自由であるべきです。自由に、自分の本心を大事にして、想うことを発言して、いやなことはいやであるとはっきりというべきであり、それを恐れたりする必要はないと思います。しかし、もし、自分の本心をはっきりと表現して、損をしてしまう、村八分にされてしまう、いじめられてしまう……そんな状況にあるのならば、その場所は自分に合っている場所ではありません。場所を離れるか、集団、人を手放すことが大事なのです。もっと自分に合った自由な世界がどこにでも転がっているのです。それを見つけることにエネルギーを注ぎたいと思いませんか？　生きづらいという枠の中から飛び出してみませんか？

最終楽章

Grand Finale

おわりに

グランドフィナーレ

子供と海外で生活をすることを書いたものといえば、子供がバイリンガルになることのすすめ、海外の生活の絶賛、などが多いですが、私はそれを飛び超えて、もっと本質的なことに焦点を当てたいと思っていました。

子供と海外に生活して10年目を迎えますが、10年間の経験から、日本の現在の状況、生きづらさということを解決するための考え方や、状況を打破するためのアイデア、価値観の変え方、自由になることを目指すことなどが、日本で生活している方に役立つのではないかと考えるようになりました。

海外生活をして最初の時期では、お母さんたちは飛び上がるほどハイテンションで喜んで欧州生活をされています。それは、日本と違った街並みや欧州の生活習慣が目新しいこと、そして、異邦人となりますので、人間関係も最初は少なく自由にできるという利点からだと思います。しかし、実際に生活をしていき、だんだん現実をみていくと、大変になってくる状況もあります。海外だからといって、楽しいことばかりではありません。しかし、大変なことを乗り越えて、自分なりに進んでいくのは、その方の想い次第なのです。考え方次第なのです。

それと同じように、日本においても、生きづらい今の現状を打破するためには、価値観やモノの考え方を少しでも変えていくことで、何かよいアイデアが発見できるか

最終楽章

おわりに

もしれないと考えています。そんな意味で、私が今まで親子留学を海外で継続してきたモノの考え方、価値観の変換の仕方を少しでも役立てていただければと思い、この本を書きました。自分では結構楽しみながら、自分でもできないことも多いのに、偉そうに何をいっているんだ……とも時には思いながら書いてきました。

もう21世紀なのですから、お母さんと子供で少しでもいいから、1年限定でもいいから海外生活をしてほしいなと思っています。現在では、日本からの留学生が減り続けていて、内向き志向になってしまっていることにも危機感を感じています。

子供時代にお母さんと海外生活をした経験があれば、18歳以上になった時に、自信をもってひとりでも海外に飛び出していくことができると確信しています。また、日本の閉塞感、先が見えない状況を少しでもよくするために、私たちの一人ひとりが、前向きな価値観に変えていかなければいけないと思っています。日本から飛び出して、世界のどこかの国で、アフガニスタンからの難民でがんばって進まれている方たち、シリアの戦場を乗り越えて、海を渡りドイツで難民として切磋琢磨している方たちと出会ったりすることも、とても有意義な経験だと思います。

ドイツのベルリンは、ヨーロッパの真ん中あたりに位置しています。ドイツの首都です。現在多くの若い方たちが続々とベルリンに集まってきていますので、人種のるつぼのようになっています。ベルリンの人口の半分くらいは外国人、移民背景のある方たちです。

ベルリンはドイツの首都であるけれども、ドイツではないともいわれています。他のドイツの都市と比較してみると、ちょっと違うことがわかります。とても自由な雰囲気です。そしてとてもラフな雰囲気です。日本人にとってもとても居心地がよく、外国人にとっては混じりやすい街になっています。

ベルリンで若い人、特に男性に人気の食べ物は、ドネルケバブサンドイッチです。トルコのドネルケバブを、サンドイッチという形にしたのは、ベルリンが発祥です。日本の牛丼やラーメンのような感覚で男性に人気でB級グルメでもあります。我が家の息子曰く、もし、ドネルケバブサンドイッチがなかったら、ベルリン滞在もつまらなかったかもしれない……というくらい大事な要素になっています。学校の友達と会ってみんなで野郎同士で食べるものといえば、ドネルケバブサンドイッチだからです。

お母さんたちにとっては、なんとも嬉しいことが、オーガニックのＢＩＯスーパーマーケットがあることです。多種のハーブティーが売られていて、冬の長いベルリン生活では毎日のハーブティーは欠かせません。また、小麦より消化のよいディンケル小麦の製品も多く、ディンケルコーヒーが身体をあたため、消化にもよいのです。毎日買い物をするお母さんたちにとっては、買い物天国のドイツです。

お父さんにとっては、もしかして、ドイツのサッカー、ブンデスリーガがお好みかもしれません。ベルリンには、現在2つのチーム、ヘルタベルリンとユニオンベルリンのチームがあります。そして、世界一のオーケストラと言われるベルリンフィルハーモニーの演奏会も見に行くことができます。

私は、ベルリンの街が大好きです！　できたら、この街で生まれたかったな……とまで思っているほどです。ベルリンといえば、ベルリンの壁の写真などを思い浮かべるかと思いますが、実は、ベルリンは湖も多く、湖でも泳げますし、ゆったりとのんびりとできる場所なのです。このようなベルリンに多くの日本の方が短期間でもいい

△ドイツのスーパーマーケット

から、きてほしいと思っています。そして、価値観を変えて、もっとよりよい生活を、よりよい人生を進んでいってほしいと願っています。

この本の出版にあたって、多くの方にお世話になりました。出版にあたり、ご教示をいただきましたみらいパブリッシングの編集者の方々、小根山さま、安藝さま、西村さま、出版企画書でお世話になったJディスカヴァーの城村さま、菊池さまに心より感謝をいたします。

そして、私の家族、主人、息子、義理の両親、実家の両親に心より感謝いたします。

日本の多くの方がこの本を、ふと、手に取ってくださり、より自由になり、本心で生きていくことで幸せになっていただければ……、非常に嬉しく思っております。

ベルリンにて　添田衣織

8 最終楽章

おわりに

△ベルリンフィルハーモニー・オーケストラ

添田衣織（そえだいおり）

ドイツ ベルリン在住。上智大学外国語学部卒業、インドネシア大学ＢＩＰＡ修了。

高校英語、独語教員資格　御室流華道師範、教授。

大手総合商社勤務を経て、インドネシア大学終了後には、外資系石油会社に勤務。

その後、英語講師、塾講師、家庭教師、英文添削、翻訳を経て、現在に至る。

子供教育シンフォニー主宰。本場の海外情報をライブで本音発信しながら、親子留学、留学、移住を目指す方のためのサポートを行っている。英語のサイト、教育ジャーナルも運営中。

子供教育シンフォニー

http://kodomo-kyoiku-symphony.com

公式ホームページ　　公式ブログ　　ラク英語

Facebook　https://www.facebook.com/kyoikuryugaku
Twitter　https://twitter.com/814425
ブログ　http://ameblo.jp/kyoikuryugaku

子供と一緒に飛び発とう！

親子留学のすすめ

2020年4月17日　初版第1刷

著　者　添田衣織
発行人　松崎義行
発　行　みらいパブリッシング
〒166-0003 東京都杉並区高円寺南4-26-12 福丸ビル6F
TEL 03-5913-8611　FAX 03-5913-8011
企　画　Jディスカヴァー
編　集　小根山友紀子
ブックデザイン　洪十六
発　売　星雲社（共同出版社・流通責任出版社）
〒112-0005 東京都文京区水道1-3-30
TEL 03-3868-3275　FAX 03-3868-6588
印刷・製本　株式会社上野印刷

ISBN978-4-434-27388-9 C0037 ¥1500E